基金从业资格考试冲关题库

依据基金从业资格考试最新大纲编写

统编教材《证券投资基金（第二版）》配套教辅

基金法律法规、职业道德与业务规范
冲关必备600题

基金从业资格考试专家组　编

中国金融出版社

责任编辑：王效端　王　君
责任校对：张志文
责任印制：陈晓川

图书在版编目（CIP）数据

基金法律法规、职业道德与业务规范冲关必备600题（Jijin Falü Fagui、Zhiye Daode yu Yewu Guifan Chongguan Bibei 600 Ti）/基金从业资格考试专家组编. —北京：中国金融出版社，2018.9

ISBN 978 - 7 - 5049 - 9641 - 1

Ⅰ.①基…　Ⅱ.①基…　Ⅲ.①证券投资基金法—中国—资格考试—习题集②基金—投资—职业道德—资格考试—习题集③证券投资—投资基金—资格考试—习题集　Ⅳ.① D922.287②F830.59③F830.91

中国版本图书馆CIP数据核字（2018）第141715号

出版发行	中国金融出版社
社址	北京市丰台区益泽路2号
市场开发部	（010）63266347，63805472，63439533（传真）
网上书店	http：//www.chinafph.com
	（010）63286832，63365686（传真）
读者服务部	（010）66070833，62568380
邮编	100071
经销	新华书店
印刷	保利达印务有限公司
尺寸	185毫米×260毫米
印张	13.25
字数	260千
版次	2018年9月第1版
印次	2018年9月第1次印刷
定价	40.00元

ISBN 978 - 7 - 5049 - 9641 - 1
如出现印装错误本社负责调换　联系电话：（010）63263947

编委会

主　　编　莫　磊　王　胜
副 主 编　焉洪基　刘威江　崔翔成
参编人员　于　涛　王红微　王媛媛　李　瑞　孙石春
　　　　　　　孙丽娜　齐丽娜　李　东　刘艳君　何　影
　　　　　　　张黎黎　张家翾　董　慧　白雅君　付那仁图雅

前言
Preface

2016年2月5日，中国基金业协会发布了《关于进一步规范私募基金管理人等级若干事项的公告》，其中规定：私募基金高管、法人、合伙人等应当取得基金从业资格，拥有基金从业资格证，未持证不能发售产品。除了基金公司外，商业银行(含在华外资法人银行)、证券公司、期货公司、保险机构、证券投资咨询机构、独立基金销售机构以及中国证监会认定的其他机构中的基金管理人员、业务人员、营销人员都需要获得基金从业资格。基金从业资格考试含金量高、通过率低；为了帮助考生顺利通过基金从业资格考试，我们根据最新考试大纲、指定参考教材，并结合真题编写本书。

本书具有以下几个特点：

第一，内容全面。完全依照最新考试大纲的要求编写。包括教材重点、难点与考试要点。

第二，高效实用。本书重点对考试中常见的知识点进行了细致分析，将知识化繁为简、深入浅出。在供考生自测的同时，也可使其在较短的时间内把握考试重点，掌握答题技巧，体验"把书读薄"的乐趣。

第三，扫码练题。本书有配套微信公众号，通过手机扫描，进入公众号热题库，方便考生利用空闲时间通过手机做题，并能根据自身情况总结新题、热题、错题练习，强化巩固薄弱知识点。

本书既可作为金融行业读者参加基金从业资格考试的教辅用书，也适合高等院校金融相关专业学生练习使用。

基金从业资格考试专家组
2018年5月

目 录
Contents

第一章 金融市场、资产管理与投资基金 1
    本章知识结构图 1
    本章重点知识点 2
    本章历年真题及解析 2
    本章模拟题及解析 5

第二章 证券投资基金概述 12
    本章知识结构图 12
    本章重点知识点 13
    本章历年真题及解析 13
    本章模拟题及解析 17

第三章 基金的类型 27
    本章知识结构图 27
    本章重点知识点 28
    本章历年真题及解析 28
    本章模拟题及解析 32

第四章 证券投资基金的监管 43
    本章知识结构图 43
    本章重点知识点 44
    本章历年真题及解析 44
    本章模拟题及解析 49

第五章　基金职业道德　62
  本章知识结构图　62
  本章重点知识点　63
  本章历年真题及解析　63
  本章模拟题及解析　67

第六章　基金的募集、交易与登记　74
  本章知识结构图　74
  本章重点知识点　75
  本章历年真题及解析　75
  本章模拟题及解析　79

第七章　基金的信息披露　88
  本章知识结构图　88
  本章重点知识点　89
  本章历年真题及解析　89
  本章模拟题及解析　93

第八章　基金客户和销售机构　104
  本章知识结构图　104
  本章重点知识点　105
  本章历年真题及解析　105
  本章模拟题及解析　108

第九章　基金销售行为规范及信息管理　115
  本章知识结构图　115
  本章重点知识点　116
  本章历年真题及解析　116
  本章模拟题及解析　120

第十章　基金客户服务　131
  本章知识结构图　131
  本章重点知识点　132
  本章历年真题及解析　132
  本章模拟题及解析　135

第十一章 基金管理人公司治理和风险管理 ……… **143**
    本章知识结构图 ……… 143
    本章重点知识点 ……… 144
    本章模拟题及解析 ……… 144

第十二章 基金管理人的内部控制 ……… **149**
    本章知识结构图 ……… 149
    本章重点知识点 ……… 150
    本章历年真题及解析 ……… 150
    本章模拟题及解析 ……… 155

第十三章 基金管理人的合规管理 ……… **161**
    本章知识结构图 ……… 161
    本章重点知识点 ……… 161
    本章历年真题及解析 ……… 162
    本章模拟题及解析 ……… 165

模拟试卷（一） ……… **171**

模拟试卷（二） ……… **186**

模拟试卷（一）参考答案 ……… **200**

模拟试卷（二）参考答案 ……… **200**

第一章
金融市场、资产管理与投资基金

本章热题库

本章知识结构图

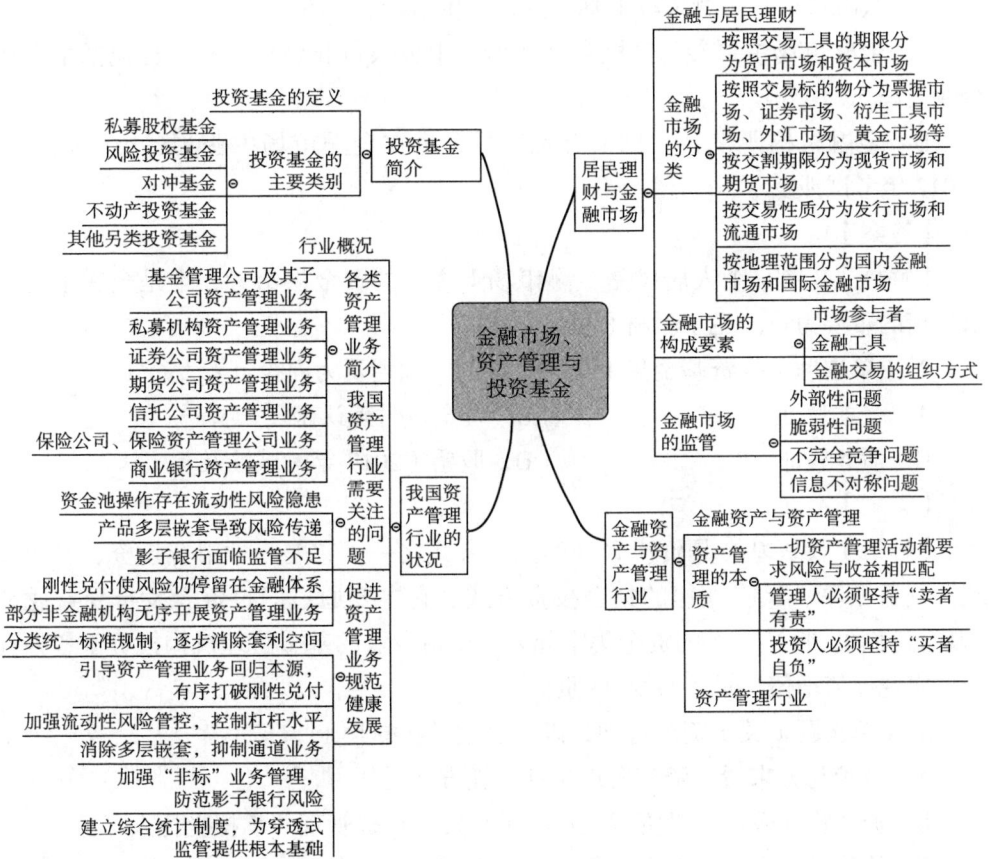

本章重点知识点

掌握 ★★★★★	理解 ★★★☆☆	了解 ★☆☆☆☆
投资基金的定义和主要类别	金融资产的概念； 金融与居民理财的关系； 金融市场的分类和构成要素； 资产管理的特征与资产管理行业的功能； 各类资产管理业务	

本章历年真题及解析

1.（单选题）关于金融市场上的主要参与者及其作用，以下说法错误的是（　）。

A．居民投资者是金融市场供求均衡的重要力量

B．金融机构是金融市场上唯一的资金供给者

C．金融市场主要参与者既包括政府、中央银行和金融机构，也包括个人和企业居民

D．金融机构既发行、创造金融工具，也在金融市场中购买各类金融工具

（2017年考试涉及）

【答案】B

【解析】B项，个人居民是金融市场上主要的资金供给者，也是金融市场供求均衡的重要力量。见于教材8页。

2.（单选题）投资基金集中社会资金的方式主要为向投资者发行（　）。

A．受益凭证　　　　　　B．资金拨付确认函

C．债务凭证　　　　　　D．股票（2017年考试涉及）

【答案】A

【解析】投资基金是资产管理的主要方式之一，它是一种组合投资、专业管理、利益共享、风险共担的集合投资方式。它主要通过向投资者发行受益凭证（基金份额），将社会上的资金集中起来，交由专业的基金管理机构投资于各种资产，实现保值增值。见于教材23页。

3.（单选题）关于资产管理，以下表述错误的是（　）。

A．从参与方来看，资产管理包括委托方和受托方

B．资产管理人根据投资者授权，进行资产投资管理并承担受托人义务

C．从受托资产来看，主要包括固定资产等实物资产

D．资产管理主要通过投资于银行存款、证券、基金、保险等资产实现增值（2016年考试涉及）

【答案】C

【解析】资产管理具有以下特征：①从参与方来看，资产管理包括委托方和受托方，委托方为投资者，受托方为资产管理人。资产管理人根据投资者授权，进行资产投资管理，承担受托人义务。②从受托资产来看，主要为货币等金融资产，一般不包括固定资产等实物资产。③从管理方式来看，资产管理主要通过投资于银行存款、证券、期货、基金、保险、实体企业股权以及其他可被证券化的资产实现增值。见于教材11页。

4．（单选题）资产管理行业的作用包括（ ）。

Ⅰ．搜集、处理各种和投资有关的宏观、微观信息；Ⅱ．提供各类投资机会；Ⅲ．帮助投资人进行投资决策；Ⅳ．承担投资人损失

A．Ⅱ、Ⅲ、Ⅳ B．Ⅰ、Ⅱ、Ⅳ
C．Ⅰ、Ⅱ、Ⅲ D．Ⅰ、Ⅲ、Ⅳ（2016年考试涉及）

【答案】C

【解析】资产管理行业无论对宏观经济还是微观的个人、企业都有着重要的功能和作用：①资产管理行业能够为市场经济体系有效配置资源，使有限的资源配置到最有效率的产品和服务部门，提高整个社会经济的效率和生产服务水平；②通过资产管理行业专业的管理活动，能够帮助投资人搜集、处理各种和投资有关的宏观、微观信息，提供各类投资机会，帮助投资者进行投资决策，并提供决策的最佳执行服务，使投资融资更加便利；③资产管理行业创造出十分广泛的投资产品和服务，满足投资者的各种投资需求，使资金的需求方和提供方能够便利地连接起来；④资产管理行业还能对金融资产进行合理定价，给金融市场提供流动性，降低交易成本，使金融市场更加健康有效，最终有利于一国经济的发展。见于教材13页。

5．（单选题）以下不属于资产管理产品的是（ ）。

A．私募股权投资基金   B．集合信托计划
C．银行大额存单质押融资 D．保险资产管理计划（2016年考试涉及）

【答案】C

【解析】近年来，银行、证券、保险等各类金融机构纷纷开展资产管理业务，除公募基金、私募基金、信托计划外，还提供券商资管、保险资管、期货资管、银行理财等各种资产管理产品。见于教材14页。

6．（单选题）金融资产的定义是（ ）。

A．金融资产是无形的，没有明确的价值
B．金融资产是代表未来收益或资产合法要求权的凭证
C．金融资产表明了交易双方的相互所有关系

D. 分为股权类金融资产和其他衍生品资产（2016年考试涉及）

【答案】B

【解析】金融资产是代表未来收益或资产合法要求权的凭证，标示了明确的价值，表明了交易双方的所有权关系和债权关系。见于教材11页。

7.（单选题）投资基金中最主要的一种类别是（　　）。

A. 对冲基金　　　　　　　B. 风险投资基金

C. 证券投资基金　　　　　D. 另类投资基金（2016年考试涉及）

【答案】C

【解析】证券投资基金是投资基金中最主要的一种类别，主要投资于传统金融资产。见于教材24页。

8.（单选题）按交易标的物分类，金融市场类别不包括（　　）。

A. 票据市场　　　　　　　B. 外汇市场

C. 黄金市场　　　　　　　D. 艺术品市场（2015年考试涉及）

【答案】D

【解析】按照交易标的物分为票据市场、证券市场、衍生工具市场、外汇市场、黄金市场等。见于教材6页。

9.（单选题）以下哪一种不是金融交易的组织方式（　　）。

A. 自由交易方式　　　　　B. 柜台交易方式

C. 交易所交易方式　　　　D. 电信网络交易方式（2015年考试涉及）

【答案】A

【解析】金融交易主要有以下组织方式：①场内交易方式，指有固定场所、有制度、集中进行交易的方式，如交易所交易方式；②场外交易方式，是相对于交易所交易而言的，指在证券交易所之外各金融机构柜台上买卖双方进行面议的、分散交易的方式，如柜台交易方式；③电信网络交易方式，指没有固定场所，交易双方也不直接接触，主要借助电子通信或互联网络技术手段来完成交易的方式。见于教材8页。

10.（单选题）（　　）不是货币储蓄的特点。

A. 储蓄的收益会超过通货膨胀

B. 储蓄会有一定的利息收益

C. 货币储蓄是指居民将货币收入存入银行的一种活动

D. 货币储蓄确保本金安全（2015年考试涉及）

【答案】A

【解析】储蓄是居民将暂时不用或结余的货币收入存入银行或其他金融机构的一种存款活动。储蓄的特征是其保值性，接受储蓄的银行或其他金融机构需要首先保证储蓄的本金安全，除本金外，储蓄还会带来一定的利息收益。见于教材5页。

本章模拟题及解析

11.（单选题）以下选项中，属于投资产品组合的是（ ）。
A．股票、债券、基金   B．股票、存款单、债券
C．货币、债券、基金   D．存款单、债券、基金

【答案】A

【解析】股票、债券、基金等金融工具是最常见和普遍的投资产品。见于教材5页。

12.（单选题）关于理财方式，下列描述错误的是（ ）。
A．货币储蓄是指居民将货币收入存入银行或其他金融机构的一种存款活动
B．投资所得回报应该能补偿投资资金被占用的时间，以及当前的通货膨胀率
C．储蓄的特征是其保值性，接受储蓄的银行或其他金融机构需要首先保证储蓄的本金安全，除本金外，储蓄还会带来一定的利息收益
D．股票、债券、基金等金融工具是最常见和普遍的投资产品

【答案】B

【解析】投资所得回报应该能补偿投资资金被占用的时间，以及预期的通货膨胀率，而不是当前的通货膨胀率。见于教材5页。

13.（单选题）下列不属于衍生金融工具的是（ ）。
A．远期合约　　B．企业债券　　C．期货合约　　D．互换协议

【答案】B

【解析】衍生金融工具包括远期合约、期货合约、期权合约、互换协议等，其种类仍在不断增多。衍生金融工具在金融交易中具有套期保值、防范风险的作用。见于教材7页。

14.（单选题）金融市场按照交易工具的期限分为（ ）。
A．证券市场和外汇市场   B．股票市场和金融市场
C．货币市场和资本市场   D．现货市场和期货市场

【答案】C

【解析】金融市场按照交易工具的期限分为货币市场和资本市场。见于教材6页。

15.（单选题）按照（ ）划分，金融市场分为现货市场和期货市场。
A．交易工具的种类   B．交易工具的期限
C．交易标的物   D．交割期限

【答案】D

【解析】按照交易工具的期限划分，金融市场分为货币市场和资本市场；按

照交易标的物划分,金融市场分为票据市场、证券市场、衍生工具市场、外汇市场、黄金市场等;按照交割期限划分,金融市场分为现货市场和期货市场。见于教材7页。

16.(单选题)在金融市场的主要构成要素中,主要以资金供应者身份参与金融市场是( )。

A. 企业　　　B. 居民　　　C. 政府　　　D. 金融机构

【答案】B

【解析】金融市场的参与者主要有政府、中央银行、金融机构、企业和个人居民。其中,个人居民是金融市场上主要的资金供给者。见于教材8页。

17.(单选题)关于金融工具下列描述错误的是( )。

A. 金融工具是金融市场上进行交易的载体
B. 金融工具是法律契约,交易双方的权利义务受法律保护
C. 金融工具一般不具有社会可接受性
D. 金融工具随时可以流通转让

【答案】C

【解析】金融工具一般具有广泛的社会可接受性,随时可以流通转让。见于教材8页。

18.(单选题)金融交易的组织方式包括( )。

Ⅰ. 有固定场所的组织、有制度、集中进行交易的方式
Ⅱ. 在各金融机构柜台上买卖双方进行面议的、分散交易的方式
Ⅲ. 电信网络交易方式
Ⅳ. 中介机构代办交易的方式

A. Ⅰ、Ⅱ　　　B. Ⅱ、Ⅲ　　　C. Ⅲ、Ⅳ　　　D. Ⅰ、Ⅱ、Ⅲ

【答案】D

【解析】金融交易主要有以下组织方式:①场内交易方式,指有固定场所、有制度、集中进行交易的方式,如交易所交易方式;②场外交易方式,是相对于交易所交易而言的,指在证券交易所之外各金融机构柜台上买卖双方进行面议的、分散交易的方式,如柜台交易方式;③电信网络交易方式,指没有固定场所,交易双方也不直接接触,主要借助电子通信或互联网络技术手段来完成交易的方式。见于教材8页。

19.(单选题)金融市场的"市场失灵"问题主要表现不包括( )。

A. 脆弱性问题　　　　　　B. 信息不对称问题
C. 不完全竞争问题　　　　D. 内部性问题

【答案】D

【解析】金融市场的"市场失灵"问题主要表现在:①外部性问题;②脆弱性问题;③不完全竞争问题;④信息不对称问题。见于教材9页。

20.（单选题）（　　）承担制定和执行货币政策。

A．中国人民银行　　　　B．中国建设银行

C．中国工商银行　　　　D．中国农业银行

【答案】A

【解析】在国务院的领导下，中国人民银行作为中央银行，承担制定和执行货币政策，防范和化解金融风险，维护金融稳定的宏观监管职责。见于教材10页。

21.（单选题）下列关于金融资产的叙述，错误的是（　　）。

A．金融资产是代表未来收益或资产合法要求权的凭证

B．一般分为债权类金融资产和股权类金融资产两类

C．表明了交易双方的所有权关系和债权关系

D．未标示明确的价值

【答案】D

【解析】在金融市场上，资金的供给者通过投资金融工具获得各种类型的金融资产。金融资产是代表未来收益或资产合法要求权的凭证，标示了明确的价值，表明了交易双方的所有权关系和债权关系。它分为债权类金融资产和股权类金融资产两类。见于教材11页。

22.（单选题）下列关于资产管理的特征，说法错误的是（　　）。

A．资产管理主要通过投资于银行存款、证券、期货、基金、保险或实体企业股权等资产实现增值

B．受托资产主要是货币等金融资产

C．资产管理的委托方为资产管理人，受托方是投资者

D．资产管理人根据投资者授权，进行资产投资管理，承担受托人义务

【答案】C

【解析】资产管理包括委托方和受托方，委托方为投资者，受托方为资产管理人。见于教材11页。

23.（单选题）下列关于资产管理行业及其功能，说法错误的是（　　）。

A．能够为市场经济体系有效配置资源

B．提高金融资产价格，获得投资收益

C．创造产品和服务，连接资金需求方和供给方

D．搜集信息，帮助投资者进行投资决策

【答案】B

【解析】资产管理行业还能对金融资产进行合理定价，给金融市场提供流动性，降低交易成本，使金融市场更加健康有效，最终有利于一国经济的发展。见于教材13页。

24.（单选题）下列不属于基金管理公司及其子公司资产管理业务的是（　　）。

　　A．公开募集基金　　　　　B．特定客户资产管理业务
　　C．专项资产管理计划　　　D．资产支持计划业务

【答案】D

【解析】基金管理公司可以从事公募证券投资基金的募集和管理业务，还可以从事特定客户资产管理业务即非公开募集证券投资基金业务。基金管理公司还可以设立子公司从事特定客户资产管理业务、私募股权基金管理业务以及中国证监会许可的其他业务。见于教材16页。

25.（单选题）合格投资者投资于单只私募基金的金额不低于（　　）元。

　　A．50万　　　B．100万　　　C．200万　　　D．500万

【答案】B

【解析】合格投资者是指具备相应风险识别和承担能力，投资于单只私募基金的金额不低于100万元且符合下列相关标准的单位和个人：①净资产不低于1000万元的单位；②金融资产不低于300万元或者最近3年个人年均收入不低于50万元的个人。金融资产包括银行存款、股票、债券、基金份额、资产管理计划、银行理财产品、信托计划、保险产品、期货权益等。见于教材17页。

26.（单选题）下列不属于我国资产管理行业需要关注的问题的是（　　）。

　　A．资金池操作存在流动性风险隐患
　　B．刚性兑付使风险仍停留在金融体系
　　C．部分非金融机构无序开展资产管理业务
　　D．不保证客户本金安全

【答案】D

【解析】当前我国的资产管理行业需要关注的问题有以下几方面：①资金池操作存在流动性风险隐患；②产品多层嵌套导致风险传递；③影子银行面临监管不足；④刚性兑付使风险仍停留在金融体系；⑤部分非金融机构无序开展资产管理业务。见于教材20页。

27.（单选题）下列选项不能促进资产管理业务规范健康发展的是（　　）。

　　A．分类统一标准规制，逐步消除套利空间
　　B．建立综合统计制度，为穿透式监管提供根本基础
　　C．产品多层嵌套导致风险传递
　　D．引导资产管理业务回归本源，有序打破刚性兑付

【答案】C

【解析】从统一同类产品的监管差异入手，建立有效的资产管理业务监管制度。①分类统一标准规制，逐步消除套利空间；②引导资产管理业务回归本源，有序打破刚性兑付；③加强流动性风险管控，控制杠杆水平；④消除多层嵌套，

抑制通道业务;⑤加强"非标"业务管理,防范影子银行风险;⑥建立综合统计制度,为穿透式监管提供根本基础。见于教材22页。

28.(单选题)下列属于我国传统资产管理行业的是( )。
  A. 商业银行   B. 基金管理公司
  C. 证券公司   D. 保险企业
【答案】B
【解析】在我国,传统的资产管理行业主要为基金管理公司和信托公司。见于教材14页。

29.(单选题)投资基金运作中的主要当事人不包括( )。
  A. 基金投资者   B. 基金管理人
  C. 代理者   D. 托管人
【答案】C
【解析】投资基金主要是一种间接投资工具,基金投资者、基金管理人和托管人是基金运作中的主要当事人。见于教材23页。

30.(单选题)投资基金是一种( )、利益共享、风险共担的集合投资方式。
  A. 组合投资、专业管理   B. 分散投资、专业管理
  C. 分散投资、分散管理   D. 组合投资、分散管理
【答案】A
【解析】投资基金是资产管理的主要方式之一,它是一种组合投资、专业管理、利益共享、风险共担的集合投资方式。见于教材23页。

31.(单选题)公募基金行业规范的内容不包括( )。
  A. 信息披露   B. 投资限制   C. 利润分配   D. 投资者的投资能力
【答案】D
【解析】公募基金是向不特定投资者公开发行受益凭证进行资金募集的基金,它一般在法律和监管部门的严格监管下,有着信息披露、利润分配、投资限制等行业规范要求。见于教材23页。

32.(单选题)对冲基金起源于( )。
  A. 英国   B. 美国   C. 日本   D. 加拿大
【答案】B
【解析】对冲基金起源于20世纪50年代初的美国。当时的宗旨是利用期货、期权等金融衍生产品以及对相关联的股票进行买空卖空、风险对冲的操作技巧,在一定程度上规避和化解投资风险。见于教材24页。

33.(单选题)下列关于风险投资基金说法错误的是( )。
  A. 又称创业基金   B. 一般采用公募方式
  C. 帮助所投企业取得上市资格 D. 属于按对象分类的投资基金之一

【答案】B

【解析】风险投资基金，又称为创业基金，它以一定的方式吸收机构和个人的资金，投向于那些不具备上市资格的初创期的或是小型的新型企业，特别是高新技术企业，帮助所投资的企业尽快成熟，取得上市资格，从而使资本增值。一旦公司股票上市后，风险投资基金即可通过证券市场转让股权而收回资金，继续投向其他风险企业。风险投资基金通常采用私募的方式。见于教材 24 页。

34．（单选题）另类投资基金不得投资于（　）。
　　A．房地产　　B．债券　　C．证券化资产　　D．大宗商品
【答案】B

【解析】另类投资基金，是指投资于传统的股票、债券之外的金融和实物资产的基金，如房地产、证券化资产、对冲基金、大宗商品、黄金、艺术品等。见于教材 25 页。

35．（单选题）关于私募基金，下列说法错误的是（　）。
　　A．对投资者的投资能力没有要求
　　B．只能向少数特定投资者采用非公开方式募集
　　C．是私下或直接向特定投资者募集的资金
　　D．在信息披露、投资限制等方面监管要求较低
【答案】A

【解析】私募基金是私下或直接向特定投资者募集的资金，私募基金只能向少数特定投资者采用非公开方式募集，对投资者的投资能力有一定的要求，同时在信息披露、投资限制等方面监管要求较低，方式较为灵活。见于教材 23 页。

36．（单选题）（　）依照利益共享、风险共担的原则，将分散在投资者手中的资金集中起来委托专业投资机构进行证券投资管理的投资工具。
　　A．证券投资基金　　　　B．私募股权基金
　　C．风险投资基金　　　　D．对冲基金
【答案】A

【解析】证券投资基金依照利益共享、风险共担的原则，将分散在投资者手中的资金集中起来委托专业投资机构进行证券投资管理的投资工具。见于教材 24 页。

37．（单选题）（　）指通过私募形式对私有企业，即非上市企业进行的权益性投资。
　　A．证券投资基金　　　　B．私募股权基金
　　C．风险投资基金　　　　D．对冲基金
【答案】B

【解析】股权投资基金，又称"私人股权投资基金"或"私募股权投资基金"是指对非上市企业进行的权益性投资，在交易实施过程中附带考虑了将来的退出

机制，即通过上市、并购或管理层回购等方式，出售持股获利。见于教材24页。

38．（单选题）（　　）又称为创业基金。

A．证券投资基金　　　　B．私募股权基金

C．风险投资基金　　　　D．对冲基金

【答案】C

【解析】风险投资基金，又叫创业基金，也可以看作私募股权基金的一种，它以一定的方式吸收机构和个人的资金，投向于那些不具备上市资格的初创期的或者是小型的新型企业，尤其是高新技术企业，帮助所投资的企业尽快成熟，取得上市资格，从而使资本增值。见于教材24页。

本章热题库

第二章
证券投资基金概述

📖 **本章知识结构图**

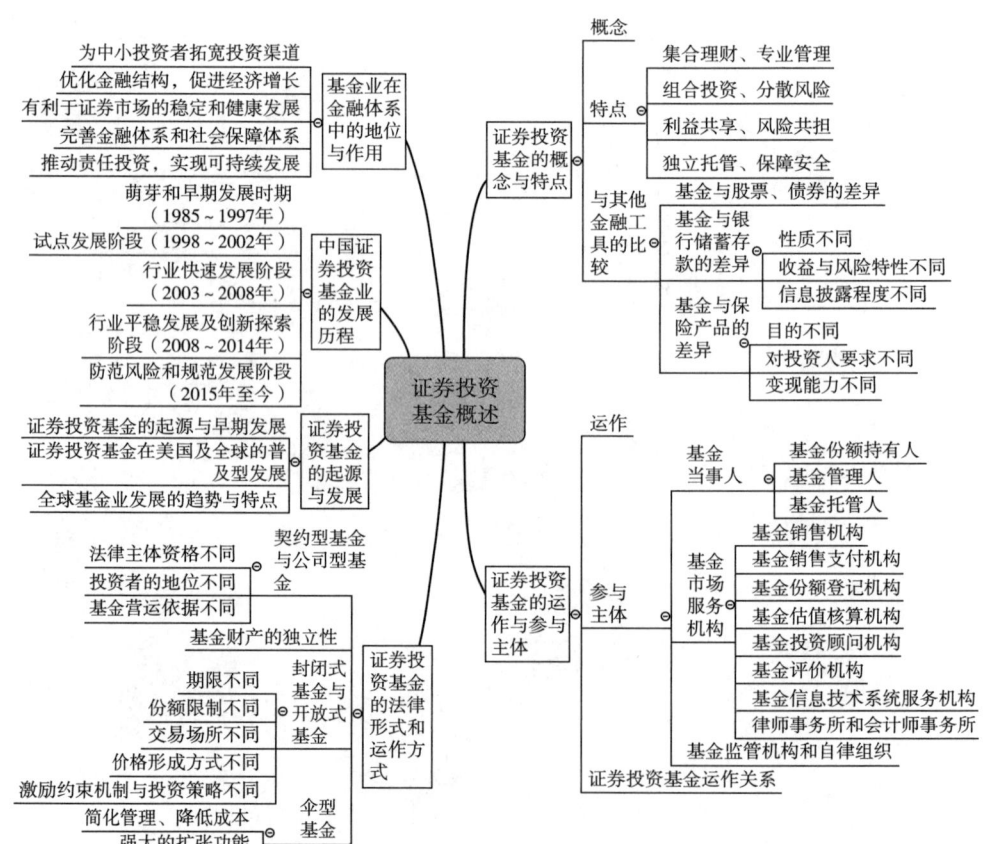

本章重点知识点

掌握 ★★★★★	理解 ★★★☆☆	了解 ★☆☆☆☆
证券投资基金的基本特点	证券投资基金与其他金融工具的比较； 基金行业的主要参与者及其功能和运作关系； 公司型基金和契约型基金的区别，开放式基金和封闭式基金的区别； 基金对中小投资者的作用、对金融结构和经济的作用、对证券市场的作用	证券投资基金在各地不同的名称和概念； 基金行业的运作环节包括：募集和市场营销、投资管理、托管、登记、估值和会计核算、信息披露； 证券投资基金的起源、发展历程、发展趋势与特点； 我国证券投资基金发展的五个阶段以及每个阶段的特点和标志产品

本章历年真题及解析

39.（单选题）关于基金与股票所反映的经济关系，以下表述错误的是（　　）。

A．股票反映的是一种所有权关系

B．投资者购买基金份额就成为基金的受益人

C．投资者购买股票后就成为公司的债权人

D．基金反映的是一种信托关系（2017年考试涉及）

【答案】C

【解析】股票反映的是一种所有权关系，是一种所有权凭证，投资者购买股票后就成为公司的股东；债券反映的是债权债务关系，是一种债权凭证，投资者购买债券后就成为公司的债权人；基金反映的则是一种信托关系，是一种受益凭证，投资者购买基金份额就成为基金的受益人。见于教材30页。

40.（单选题）关于封闭式基金和开放式基金的价格形成方式，以下表述错误的是（　　）。

A．根据市场行情变化，封闭式基金交易价格相对于单位资产净值可能出现折溢价情况

B．开放式基金的买卖价格以基金份额净值为基础

C．封闭式基金交易价格主要受二级市场供求关系影响

D．开放式基金的买卖价格同时也受到市场供求关系的影响（2017年考试涉及）

【答案】D

【解析】开放式基金的买卖价格以基金份额净值为基础，不受市场供求关系的影响。见于教材40页。

41.（单选题）证券投资基金在投资组合管理过程中需要对所投资证券进行研究与分析，关于该项工作对证券市场的意义，以下表述错误的是（ ）。

A. 有利于市场合理定价

B. 有利于提高市场有效性和合理配置资源

C. 有利于促进信息的有效利用和传播

D. 有利于减少内幕信息和内幕交易（2017年考试涉及）

【答案】D

【解析】基金对于证券市场的稳定和健康发展的作用包括：①有利于促进信息的有效利用和传播；②有利于市场合理定价；③有利于市场有效性的提高和资源的合理配置；④推动市场价值判断体系的形成，倡导理性的投资文化，有助于防止市场的过度投机；⑤有助于改善我国目前以个人投资者为主的不合理的投资者结构，充分发挥机构投资者对上市公司的监督和制约作用，推动上市公司完善治理结构。见于教材59页。

42.（单选题）基金通常选择一篮子证券进行投资，最主要的目的是帮助中小投资者（ ）。

A. 充分把握市场不同投资机会

B. 实现组合投资、分散风险

C. 解决基金规模过大和证券规模过小的矛盾

D. 解决收益率较低的问题（2016年考试涉及）

【答案】B

【解析】中小投资者由于资金量小，一般无法通过购买数量众多的股票分散投资风险。基金通常会购买几十种甚至上百种股票，投资者购买基金就相当于用很少的资金购买了一篮子股票。在多数情况下，某些股票价格下跌造成的损失可以用其他股票价格上涨产生的盈利来弥补，因此可以充分享受到组合投资、分散风险的好处。见于教材29页。

43.（单选题）以下不同投资工具投资收益与风险的说法中，正确的是（ ）。

A. 债券是一种债权关系，所以债券投资基本上没有什么风险

B. 股票价格的波动性较大，是一种高风险、高收益的投资品种

C. 基金可以投资于众多金融工具或产品，所以风险有限，收益相对较高

D. 银行存款利率相对固定，投资者绝对没有损失本金的风险（2016年考试涉及）

【答案】B

【解析】A项，债券能够给投资者带来较为确定的利息收入，波动性也较股

票要小，是一种低风险、低收益的投资品种；C项，基金的投资收益及风险取决于基金种类以及其投资的对象，总体来说因为基金可以投资于众多金融工具或产品，能有效分散风险，所以它是一种风险相对适中、收益相对稳健的投资品种；D项，银行存款利率相对固定，投资者损失本金的可能性也非常小。见于教材30页。

44．（单选题）基金托管人的职责不包括（　　）。

A．基金投资运作的监督　　　B．基金资产的保管

C．基金资金清算、会计复核　　D．基金份额的发售（2016年考试涉及）

【答案】D

【解析】基金托管人的职责主要体现在基金资产保管、基金资金清算、会计复核以及对基金投资运作的监督等方面。在我国，基金托管人只能由依法设立并取得基金托管资格的商业银行或其他金融机构担任。见于教材33页。

45．（单选题）关于基金同业协会的作用，以下表述错误的是（　　）。

A．促进同业交流

B．促进行业规范发展

C．提高从业人员素质

D．对违法违规行为进行行政处罚（2016年考试涉及）

【答案】D

【解析】基金自律组织是由基金管理人、基金托管人及基金市场服务机构共同成立的同业协会。同业协会在促进同业交流、提高从业人员素质、加强行业自律管理、促进行业规范发展等方面具有重要的作用。见于教材35页。

46．（单选题）以下关于契约型基金的表述，错误的是（　　）。

A．契约型基金是依据基金管理人、基金托管人之间所签署的基金合同设立的

B．基金投资者是基金公司的股东

C．基金投资者依法享受权利并承担义务

D．基金投资者自取得基金份额后即成为基金份额持有人和基金合规的当事人（2016年考试涉及）

【答案】B

【解析】B项，公司型基金的投资者为基金公司的股东。见于教材38页。

47．（单选题）证券投资基金的特点不包括（　　）。

A．风险共担　　　　　　　B．利益共享

C．集中投资　　　　　　　D．专业管理（2015年考试涉及）

【答案】C

【解析】证券投资基金的特点包括：①集合理财、专业管理；②组合投资、分散风险；③利益共享、风险共担；④严格监管、信息透明；⑤独立托管、保障

安全。见于教材 29 页。

48.（单选题）关于基金与银行储蓄存款的差异，以下表述错误的是（　　）。

A．基金收益具有一定的波动性，银行储蓄利率相对固定

B．基金是一种受益凭证，银行储蓄是一种信用凭证

C．基金管理人必须定期披露投资运作情况，银行则不需要

D．银行储蓄的目标客户是保守型客户，基金目标客户是激进型客户（2015年考试涉及）

【答案】D

【解析】基金与银行储蓄存款的差异主要表现在如下几个方面：①性质不同，基金是一种受益凭证，银行储蓄存款表现为银行的负债，是一种信用凭证。②收益和风险特性不同，基金收益具有一定的波动性，存在投资风险；银行存款利率相对固定，投资者损失本金的可能性也很小。③信息披露程度不同，基金管理人必须定期向投资者公布基金的投资运作情况；银行吸收存款之后，不需要向存款人披露资金的运用情况。见于教材 31 页。

49.（单选题）证券投资基金的运作环节不包括（　　）。

A．证券投资基金的募集和投资管理

B．证券投资基金的评级研究

C．证券投资基金资产的托管和基金份额的登记交易，基金的估值

D．证券投资基金的会计核算和信息披露（2015年考试涉及）

【答案】B

【解析】基金的运作包括基金的募集、基金的投资管理、基金资产的托管、基金份额的登记交易、基金的估值与会计核算、基金的信息披露以及其他基金运作活动在内的所有相关环节。见于教材 32 页。

50.（单选题）关于证券投资基金份额持有人的权利，以下表述正确的是（　　）。

A．管理基金资产

B．查阅全部基金投资资料

C．托管基金财产

D．转让其持有的基金份额（2015年考试涉及）

【答案】D

【解析】我国基金份额持有人享有以下权利：分享基金财产收益，参与分配清算后的剩余基金财产，依法转让或者申请赎回其持有的基金份额，按照规定要求召开基金份额持有人大会，对基金份额持有人大会审议事项行使表决权，查阅或者复制公开披露的基金信息资料，对基金管理人、基金托管人、基金销售机构损害其合法权益的行为依法提出诉讼，基金合同约定其他权利。见于教材 33 页。

51. （单选题）关于公司型基金，以下表述错误的是（ ）。
    A. 依据基金合同成立
    B. 在法律上具有独立法人地位的股份投资公司
    C. 公司设有董事会，代表投资者的利益行使职权
    D. 基金投资者是基金公司的股东（2015年考试涉及）

【答案】A

【解析】公司型基金依据基金公司章程设立，基金投资者是基金公司的股东，享有股东权，按照所持有的股份承担有限责任，分享投资收益；契约型基金依据基金合同成立。见于教材38页。

52. （单选题）经中国人民银行总行批准，（ ）于1993年8月在上海证券交易所挂牌交易，是我国第一只上市交易的投资基金。
    A. 建业基金   B. 昌久基金
    C. 淄博乡镇企业投资基金   D. 武汉证券投资基金（2014年考试涉及）

【答案】C

【解析】1992年11月，经由中国人民银行总行批准的国内第一家投资基金——淄博乡镇企业投资基金（简称"淄博基金"）正式设立，并在1993年8月在上海证券交易所挂牌上市，成为我国首只在证券交易所上市交易的投资基金，该基金的公司型封闭式基金。见于教材47页。

本章模拟题及解析

53. （单选题）（ ）是证券投资基金在美国的称谓。
    A. 证券投资信托基金   B. 单位信托基金
    C. 集合投资基金   D. 共同基金

【答案】D

【解析】世界各国和地区对证券投资基金的称谓不同，证券投资基金在美国称为"共同基金"，在英国和我国香港特别行政区称为"单位信托基金"，在欧洲一些国家又被称为"集合投资基金"或"集合投资计划"，在日本和我国台湾地区则被称为"证券投资信托基金"。见于教材29页。

54. （单选题）下列关于证券投资基金的说法中，错误的是（ ）。
    A. 投资基金无风险   B. 主要功能是分散投资
    C. 是一种长期投资工具   D. 投资基金可能带来收益，也可能承担损失

【答案】A

【解析】证券投资基金，是指通过发售基金份额，将众多不特定投资者的资金汇集起来，形成独立财产，委托基金管理人进行投资管理，基金托管人进行财

产托管,由基金投资人共享投资收益,共担投资风险的集合投资方式。见于教材28页。

55.(单选题)下列关于投资基金的特点,错误的是( )。
  A. 利益共享、防范风险 B. 专业管理、利益共享
  C. 组合投资、专业管理 D. 严格监管、信息透明
【答案】A
【解析】证券投资基金的基本特点:①集合理财、专业管理;②组合投资、分散风险;③利益共享、风险共担;④严格监管、信息透明;⑤独立托管、保障安全。见于教材29页。

56.(单选题)下列说法不正确的是( )。
  A. 基金投资者是基金的所有者
  B. 基金托管人、基金管理人参与基金收益的分配
  C. 中小投资者由于资金量小,一般无法通过购买数量众多的股票分散投资风险
  D. 严格监管与信息透明是公募证券投资基金的显著特点
【答案】B
【解析】为基金提供服务的基金托管人、基金管理人一般按基金合同的规定从基金资产中收取一定比例的托管费、管理费,并不参与基金收益的分配。见于教材30页。

57.(单选题)证券投资基金的( )特点,即指基金管理人负责基金的投资操作,本身并不参与基金财产的保管,基金财产的保管由独立于基金管理人的基金托管人负责。
  A. 集合理财、专业管理 B. 组合投资、分散风险
  C. 独立托管、保障安全 D. 利益共享、风险共担
【答案】C
【解析】证券投资基金的特点之一是独立托管、保障安全,即基金管理人负责基金的投资操作,本身并不参与基金财产的保管,基金财产的保管由独立于基金管理人的基金托管人负责。见于教材30页。

58.(单选题)证券投资基金反映的是( )关系。
  A. 债权债务 B. 信托 C. 所有权 D. 产权
【答案】B
【解析】基金反映的经济关系是一种信托关系,属于一种受益凭证,投资者购买基金份额就成为基金的受益人。见于教材30页。

59.(单选题)证券投资基金的主要投资方向是( )。
  A. 信贷   B. 上市公司的投资项目
  C. 实业   D. 有价证券

【答案】D

【解析】股票和债券是直接投资工具，筹集的资金主要投向实业领域；基金是一种间接投资工具，所筹集的资金主要投向有价证券等金融工具或产品。见于教材30页。

60．（单选题）基金、储蓄存款、股票、债券四种金融工具的风险比较，下列说法正确的是（　　）。

A．基金最大，债券最小　　　B．股票最大，储蓄存款最小

C．股票最大，债券最小　　　D．基金最大，储蓄存款最小

【答案】B

【解析】通常风险从大到小的排列依次为：股票、基金、债券、储蓄存款。见于教材30页。

61．（单选题）股票反映的是一种（　　）。

A．债务关系　　B．债权关系　　C．所有权关系　　D．信托关系

【答案】C

【解析】股票是一种所有权凭证，反映的是所有权关系。见于教材30页。

62．（单选题）下列说法错误的是（　　）。

A．银行需要向存款人披露资金的运用情况

B．银行储蓄存款表现为银行的负债，是一种信用凭证

C．基金收益具有一定的波动性，存在投资风险

D．基金投资者承担投资损失的风险

【答案】A

【解析】基金管理人必须定期向投资者公布基金的投资运作情况；银行吸收存款之后，不需要向存款人披露资金的运用情况。见于教材31页。

63．（单选题）从基金管理人的角度看，基金的运作不包括（　　）。

A．基金的市场营销　　　B．基金的监督管理

C．基金的投资管理　　　D．基金的后台管理

【答案】B

【解析】基金的运作包括基金的募集、基金的投资管理、基金资产的托管、基金份额的登记交易、基金的估值与会计核算、基金的信息披露以及其他基金运作活动在内的所有相关环节。基金的运作活动从基金管理人的角度看，可以分为基金的市场营销、基金的投资管理与基金的后台管理三大部分。见于教材32页。

64．（单选题）基金资产的估值属于基金运作活动的（　　）部分。

A．后台管理　　B．投资管理　　C．市场营销　　D．前台管理

【答案】A

【解析】基金的市场营销主要涉及基金份额的募集与客户服务，基金的投资管理体现了基金管理人的服务价值，而基金份额的注册登记、基金资产的估值、

会计核算、信息披露等后台管理服务则对保障基金的安全运作起着重要的作用。见于教材32页。

65.（单选题）（　　）体现了基金管理人的服务价值。
A．基金的产品开发　　　　B．基金的市场营销
C．基金的投资管理　　　　D．基金的后台管理
【答案】C
【解析】基金的运作活动从基金管理人的角度看，可以分为基金的市场营销、基金的投资管理与基金的后台管理三大部分。其中，基金的投资管理体现了基金管理人的服务价值。见于教材32页。

66.（单选题）下列不属于基金市场参与主体的是（　　）。
A．基金当事人　　　　　　B．基金市场服务机构
C．基金监管机构和自律组织　D．社会团体
【答案】D
【解析】依据所承担的职责与作用的不同，可以将基金市场的参与主体分为基金当事人、基金市场服务机构、基金监管机构和自律组织三大类。见于教材32页。

67.（单选题）在基金运作中具有核心作用的是（　　）。
A．基金销售机构　　　　　B．基金份额持有人
C．基金管理人　　　　　　D．证券交易所
【答案】C
【解析】基金管理人在基金运作中具有核心作用，基金产品的设计、基金份额的销售与注册登记、基金资产的管理等重要职能多数由基金管理人或基金管理人选定的其他服务机构承担。见于教材33页。

68.（单选题）（　　）有权对基金管理人的投资行为进行监督。
A．律师事务所　　　　　　B．会计师事务所
C．基金代理销售机构　　　D．基金托管人
【答案】D
【解析】根据《证券投资基金法》规定，为了确保基金资产的安全，基金资产必须由独立于基金管理人的基金托管人保管，从而是的基金托管人成为基金的当事人之一。基金托管人的职责主要体现在基金资产保管、基金资金清算、会计复核以及对基金投资运作的监督等方面。见于教材33页。

69.（单选题）基金销售活动中基金销售机构、基金投资人之间的货币资金转移活动的是（　　）。
A．基金估值核算　　　　　B．基金份额登记
C．基金投资顾问　　　　　D．基金销售支付
【答案】D
【解析】基金销售支付是指基金销售活动中基金销售机构、基金投资人之间

的货币资金转移活动。见于教材34页。

70.（单选题）（　　）是负责代理发放红利、建立并保管基金份额持有人名册的机构。

A．基金份额登记机构　　　B．基金销售支付机构
C．基金销售机构　　　　　D．基金估值核算机构

【答案】A

【解析】基金份额登记机构的主要职责有：建立并管理投资人的基金账户；负责基金份额的登记；基金交易确认；代理发放红利；建立并保管基金份额持有人名册；法律法规或份额登记服务协议规定的其他职责。见于教材34页。

71.（单选题）（　　）指运用特定的方法对基金的投资收益和风险或者基金管理人的管理能力进行综合性分析，并使用具有特定含义的符号、数字或者文字展示分析的结果。

A．评级　　　　　　　　　B．评奖
C．单一指标排名　　　　　D．多项指标排名

【答案】A

【解析】评级是指运用特定的方法对基金的投资收益和风险或者基金管理人的管理能力进行综合性分析，并使用具有特定含义的符号、数字或者文字展示分析的结果。见于教材34页。

72.（单选题）基金信息技术系统服务是指为基金管理人、基金托管人和基金服务机构提供基金业务核心应用软件开发、信息系统运营维护、信息系统安全保障和（　　）等的业务活动。

A．基金交易电子商务平台　B．基金评价
C．风险控制　　　　　　　D．基金估值

【答案】A

【解析】基金信息技术系统服务是指为基金管理人、基金托管人和基金服务机构提供基金业务核心应用软件开发、信息系统运营维护、信息系统安全保障和基金交易电子商务平台等的业务活动。见于教材35页。

73.（单选题）下列机构中，属于中介服务机构的是（　　）。

A．基金销售机构　　　　　B．基金投资顾问机构
C．基金评价机构　　　　　D．律师事务所

【答案】D

【解析】律师事务所和会计师事务所作为专业、独立的中介服务机构，为基金提供法律、会计服务。见于教材35页。

74.（单选题）证券交易所属于基金的（　　）。

A．自律管理机构　　　　　B．份额登记机构
C．监管机构　　　　　　　D．评价机构

【答案】A

【解析】证券交易所是基金的自律管理机构之一。见于教材 35 页。

75.（单选题）2012 年 6 月，中国证券投资基金业协会正式成立，原（　　）的行业自律职责转入中国证券投资基金业协会。

A．中国证监会基金机构监管部
B．中国证券业协会
C．中国证券业协会基金公司会员部
D．中国证监会各地证监局

【答案】B

【解析】中国证券投资基金业协会属于证券投资基金行业的自律性组织，是社会团体法人，正式成立于 2012 年 6 月 7 日。在此之前，我国基金行业的自律组织一直隶属于中国证券业协会。见于教材 36 页。

76.（单选题）公司型基金与契约型基金的主要区别是（　　）。

A．基金是否为独立的法人　　B．基金是否上市交易
C．基金规模是否变化　　　　D．基金募集是否为公募

【答案】A

【解析】契约型基金与公司型基金的区别包括：①法律主体资格不同，契约型基金不具有法人资格，公司型基金具有法人资格；②投资者的地位不同，与公司型基金的股东大会相比，契约型基金持有人大会赋予基金持有者的权利相对较小；③基金营运依据不同，契约型基金依据基金合同营运基金，而公司型基金依据基金公司章程营运基金。见于教材 38 页。

77.（单选题）公司型基金以（　　）的投资公司为代表。

A．英国　　B．美国　　C．日本　　D．中国

【答案】B

【解析】证券投资基金依据法律形式的不同，基金可分为契约型基金与公司型基金。目前，我国的证券投资基金均为契约型基金，公司型基金则以美国的投资公司为代表。见于教材 38 页。

78.（单选题）基金财产的独立性表现不包括（　　）。

A．基金财产的债务由基金财产本身承担
B．基金财产独立于基金管理人、基金托管人的固有财产
C．基金管理人、基金托管人因基金财产的管理、运用或者其他情形而取得的财产和收益，归入基金财产
D．基金财产的债权，可与基金管理人、基金托管人固有财产的债务相抵销

【答案】D

【解析】基金财产的债权，不得与基金管理人、基金托管人固有财产的债务相抵销，不同基金财产的债权债务不得相互抵销。见于教材 39 页。

79.（单选题）我国开放式基金的存续期为（ ）。
A．5年　　　　　　　　　B．15～50年
C．15年　　　　　　　　 D．一般无期限
【答案】D
【解析】封闭式基金一般有一个固定的存续期；而开放式基金一般是无特定存续期限的。见于教材40页。

80.（单选题）下列不属于封闭式基金特点的是（ ）。
A．基金份额固定　　　　B．扩展能力较大
C．没有赎回压力　　　　D．资金可用于长期投资
【答案】B
【解析】封闭式基金份额固定，即使基金表现好，其扩展能力也受到较大的限制。见于教材40页。

81.（单选题）下列各项中（ ）不是开放式基金的特点。
A．开放式基金的买卖价格受到市场供求关系的影响
B．基金份额可以在基金合同约定的时间和场所进行申购或者赎回
C．交易在投资者与基金管理人之间完成
D．基金份额不固定
【答案】A
【解析】开放式基金的买卖价格以基金份额净值为基础，不受市场供求关系的影响。见于教材40页。

82.（单选题）伞形基金又称为（ ）。
A．指数基金　B．对冲基金　C．系列基金　D．商品基金
【答案】C
【解析】伞形基金又称为系列基金，是指多个基金共用一个基金合同，子基金独立运作，子基金之间可以进行相互转换的一种基金结构形式。见于教材41页。

83.（单选题）美国的《投资公司法》和《投资顾问法》于（ ）年颁布，这两部法律日后成为其他国家基金立法的重要参考。
A．1940　　B．1922　　C．1958　　D．1867
【答案】A
【解析】《1940年投资公司法》和《1940年投资顾问法》是美国关于共同基金的两部最重要的法律，不但规定了对投资公司的监管，而且规定了对基金投资顾问、基金销售商及投资公司董事和管理人员等的管理。见于教材42页。

84.（单选题）世界上最早的证券投资基金即英国"海外及殖民地政府信托基金"成立于（ ）年。
A．1768　　B．1420　　C．1868　　D．1686

【答案】C

【解析】世界上第一只公认的证券投资基金——"海外及殖民地政府信托"诞生于1868年的英国。见于教材42页。

85.（单选题）下列关于目前全球证券投资基金的发展趋势与特点，表述不正确的是（   ）。

A．开放式基金成为主流产品

B．基金行业分散趋势突出

C．快速发展，市场地位和影响不断提高

D．基金市场竞争加剧

【答案】B

【解析】全球基金业发展的趋势与特点主要包括：①美国占据主导地位，其他国家和地区发展迅猛；②开放式基金成为证券投资基金的主流产品；③基金市场竞争加剧，行业集中趋势突出；④基金资产的资金来源发生了重大变化。见于教材44页。

86.（单选题）全球各种基金类型中，在数量和规模上具有优势的是（   ）。

A．债券基金   B．股票基金   C．收入基金   D．货币市场基金

【答案】B

【解析】在各种基金类型中，股票基金的资产规模和数目都居于优势。见于教材44页。

87.（单选题）当前证券投资基金中的主流产品为（   ）。

A．封闭式基金 B．对冲基金   C．开放式基金   D．货币市场基金

【答案】C

【解析】20世纪80年代以来，开放式基金的数量和规模增加幅度最大，目前已成为证券投资基金中的主流产品。见于教材44页。

88.（单选题）（   ），"中国概念基金"相继推出。

A．20世纪90年代末期   B．20世纪60年代以后

C．20世纪40年代以后   D．20世纪80年代末期

【答案】D

【解析】在20世纪80年代末，一批由中资或外资金融机构在境外设立的"中国概念基金"相继推出，这些"中国概念基金"通常由国外及我国香港等地基金管理机构单独或与境内机构联合设立，投资于在香港上市的大陆企业或者中国大陆企业的股票。见于教材47页。

89.（单选题）2001年9月，我国第一只开放式基金——（   ）诞生，使我国基金业发展实现了从封闭式基金到开放式基金的历史性跨越。

A．基金开元   B．华安创新   C．基金金泰   D．淄博基金

【答案】B

【解析】2001年9月，中国第一只开放式基金——华安创新创立，揭开了中国开放式基金发展的序幕，2003年后，开放式基金的数目和资产规模均远远超过封闭式基金。见于教材48页。

90．（单选题）我国《证券投资基金法》于（　　）开始实施。

A．2003年7月14日　　　B．2004年6月1日

C．2002年8月1日　　　D．2005年1月1日

【答案】B

【解析】2003年10月28日，十届全国人大常委会第五次会议审议通过《中华人民共和国证券投资基金法》并于2004年6月1日开始实施，基金业的法律规范得到重大完善。2012年12月28日通过了修订后的《证券投资基金法》，并在2013年6月1日正式实施。见于教材48页。

91．（单选题）2008年至2014年属于我国基金业发展的（　　）阶段。

A．萌芽和早期发展时期

B．行业平稳发展及创新探索阶段

C．证券投资基金试点发展阶段

D．行业快速发展阶段

【答案】B

【解析】我国基金业的发展划分为以下几个阶段：①萌芽和早期发展时期（1985～1997年）；②证券投资基金试点发展阶段（1998～2002年）；③行业快速发展阶段（2003～2008年）；④行业平稳发展及创新探索阶段（2008～2014年）；⑤防范风险和规范发展阶段（2015年至今）。见于教材50页。

92．（单选题）下列不属于我国基金行业平稳发展及创新探索阶段的表现是（　　）。

A．"放松管制、加强监管"

B．基金管理公司业务和产品创新，不断向多元化发展

C．基金业绩表现异常出色，创历史新高

D．股权与公司治理创新得到突破

【答案】C

【解析】我国基金行业平稳发展及创新探索阶段的表现有：①完善规则、放松管制、加强监管；②基金管理公司业务和产品创新，不断向多元化发展；③互联网金融与基金业有效结合；④股权与公司治理创新得到突破；⑤专业化分工推动行业服务体系创新；⑥私募基金机构和产品发展迅猛；⑦混业化与大资产管理的局面初步显现。C项属于我国基金行业快速发展阶段的表现。见于教材50页。

93．（单选题）关于证券投资基金业在金融体系中的地位与作用，以下表述错误的是（　　）。

A．优化金融结构，促进经济增长

B．有利于证券市场的稳定和健康发展

C．稳定上市公司的股价

D．为中小投资者拓宽了投资渠道

【答案】C

【解析】证券投资基金业在金融体系中的地位与作用包括：①为中小投资者拓宽了投资渠道；②优化金融结构，促进经济增长；③有利于证券市场的稳定和健康发展；④完善金融体系和社会保障体系。见于教材57页。

94．（单选题）证券投资基金具有优化金融结构、促进经济增长的作用，这种作用是通过（　　）实现的。

A．提供就业机会　　　　　　B．购买大量消费品

C．将储蓄资金转化为生产资金　D．直接向工商企业提供信贷资金

【答案】C

【解析】证券投资基金将中小投资者的闲散资金汇集起来投资在证券市场，扩大了直接融资的比例，为企业在证券市场筹集资金创造了良好的融资环境，起到了将储蓄资金转化为生产资金的作用，可优化金融结构、促进经济增长。见于教材59页。

第三章 基金的类型

本章热题库

本章知识结构图

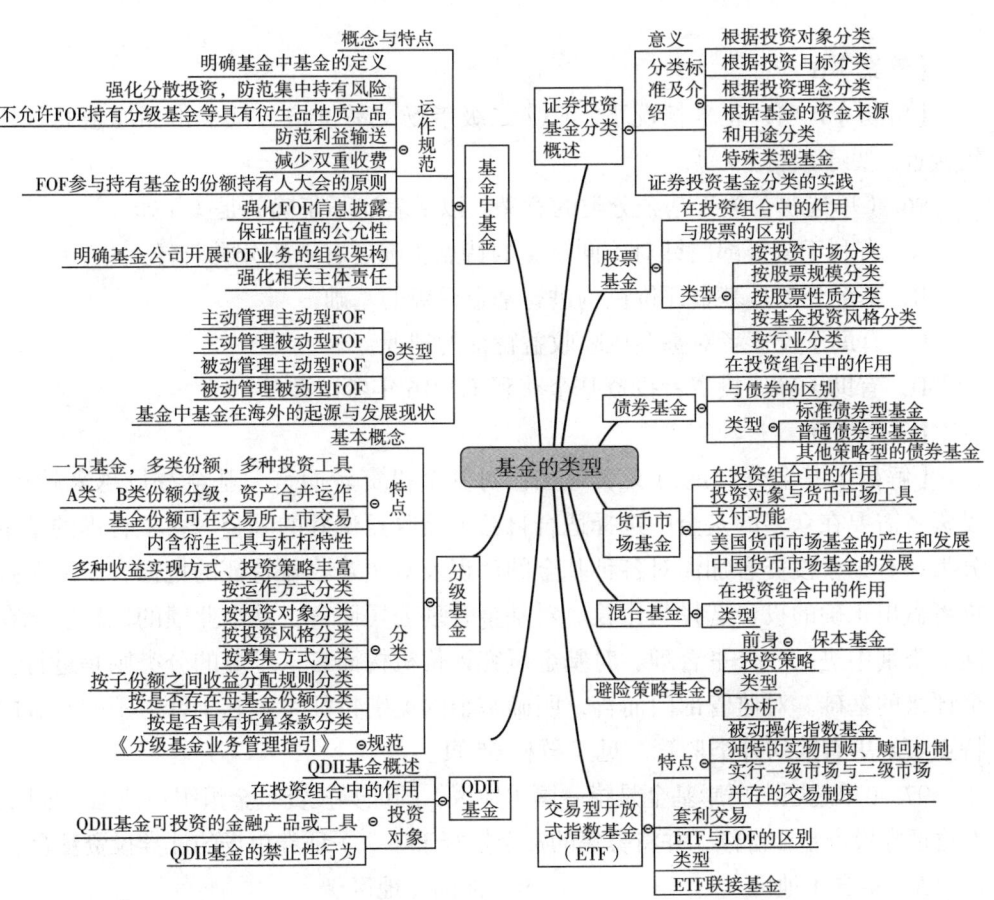

本章重点知识点

掌握 ★★★★★	理解 ★★★☆☆	了解 ★☆☆☆☆
基金的不同分类标准和基本分类；基本基金类型及其特点	市场上各类特殊类别基金的特点	

本章历年真题及解析

95.（单选题）关于上市交易开放式指数基金（ETF）的特点，以下表述错误的是（　　）。

A．只有资金达到一定规模的投资者才能参与ETF一级市场的申购和赎回

B．在二级市场上按照基金份额净值进行竞价交易

C．申购时以股票换基金份额，赎回时以基金份额换股票

D．采取完全复制或者抽样复制指数的方式进行被动投资（2017年考试涉及）

【答案】B

【解析】B项，正常情况下，ETF二级市场交易价格与基金份额净值总是比较接近。见于教材89页。

96.（单选题）关于基金分类的意义，以下表述不正确的是（　　）。

A．有利于监督部门针对不同基金的特点实施更有效的分类监督

B．基金分类是基金评价机构进行基金评级的基础

C．有助于投资者对基金风险收益特征的把握

D．有助于确保投资者投资基金获利（2016年考试涉及）

【答案】D

【解析】基金分类的意义表现在：对基金投资者而言，基金数量越来越多，投资者需要在众多的基金中选择适合自己风险收益偏好的基金。科学合理的基金分类将有助于投资者加深对各种基金的认识及对风险收益特征的把握，有助于投资者做出正确的投资选择与比较。对基金管理公司而言，基金业绩的比较应该在同一类别中进行才公平合理。对基金研究评价机构而言，基金的分类则是进行基金评级的基础。对监管部门而言，明确基金的类别特征将有利于针对不同基金的特点实施更有效的分类监管。见于教材65页。

97.（单选题）离岸基金是指一国（地区）的证券投资基金组织在他国（地区）发售证券投资基金份额，并将募集的资金投资于（　　）证券市场的证券投资基金。

A．本国（地区）　　　　　　B．他国（地区）

C. 第三国　　　　　　　　D. 本国（地区）或第三国（2016年考试涉及）

【答案】D

【解析】根据基金的资金来源及用途可以将基金分为在岸基金和离岸基金。在岸基金是指在本国筹集资金并投资于本国证券市场的证券投资基金；离岸基金是指一国（地区）的证券投资基金组织在他国（地区）发售证券投资基金份额，并且将募集的资金投资于本国（地区）或第三国证券市场的证券投资基金。见于教材68页。

98.（单选题）关于股票基金的特点，以下表述错误的是（　　）。

A. 风险较高，但预期收益也较高

B. 以追求长期的资本增值为目标

C. 应对通货膨胀有效的手段

D. 适合短期波段操作，通过买卖价差盈利（2016年考试涉及）

【答案】D

【解析】股票基金以追求长期的资本增值为目标，比较适合长期投资。与其他类型的基金相比，股票基金的风险较高，但预期收益也较高。股票基金提供了一种长期的投资增值性，可供投资者用来满足教育支出、退休支出等远期支出的需要。与房地产一样，股票基金也是应对通货膨胀最有效的手段。见于教材70页。

99.（单选题）关于股票和股票基金的说法不正确的是（　　）。

A. 单一股票的投资风险一般大于股票基金的投资风险

B. 股票基金份额净值不会由于买卖数量或申购、赎回数量的多少而受到影响

C. 对股票基金投资时一般会根据上市公司的基本面来评判股票基金份额净值的合理性

D. 每一交易日股票基金只有1个价格（2016年考试涉及）

【答案】C

【解析】人们在投资股票时，一般会根据上市公司的基本面，如财务状况、市场竞争力、盈利预期等方面的信息对股票价格高低的合理性做出判断，但却不能对股票基金份额净值进行合理与否的评判。换而言之，对基金份额净值高低进行合理与否的判断是没有意义的，因为基金份额净值是由其持有的证券价格复合而成的。见于教材70页。

100.（单选题）下列不属于按投资市场分类的股票基金是（　　）。

A. 国内股票基金　　　　　B. 国外股票基金

C. 成长型股票基金　　　　D. 全球股票基金（2016年考试涉及）

【答案】C

【解析】按投资市场分类，股票基金可分为国内股票基金、国外股票基金与

全球股票基金三大类。见于教材71页。

101.（单选题）股票基金分类方式不包括（　　）。

A．按股票投资规模分类　　　　B．按投资市场分类

C．按基金投资风格分类　　　　D．按收益率分类（2016年考试涉及）

【答案】D

【解析】股票基金分类方式包括：①按投资市场分类；②按股票规模分类；③接股票性质分类；④按基金投资风格分类；⑤按行业分类。见于教材71页。

102.（单选题）债券基金对（　　）的投资者具有较强的吸引力。

A．追求短期收益　　　　　　　B．追求高收益

C．偏好高风险高收益　　　　　D．追求稳定收益（2016年考试涉及）

【答案】D

【解析】债券基金主要以债券为投资对象，所以对追求稳定收入的投资者具有较强的吸引力。见于教材73页。

103.（单选题）关于ETF，以下说法正确的是（　　）。

A．折价套利会增加ETF的总份额

B．ETF申购时可使用一篮子股票

C．无论是机构投资者还是中小投资者，均可以在一级和二级市场进行交易

D．投资者向基金公司赎回ETF，获得现金（2016年考试涉及）

【答案】B

【解析】A项，折价套利会造成ETF总份额的减少，溢价套利会导致ETF总份额的扩大。C项，中小投资者被排斥在一级市场外。D项，ETF赎回时得到的不是现金，而是相应的一篮子股票，若想变现，需要再卖出这些股票。见于教材88页。

104.（单选题）关于ETF，以下说法正确的是（　　）。

A．无论是机构投资者还是中小投资者，均可以在一级市场进行ETF套利

B．投资者向基金公司赎回ETF，获得现金

C．ETF申购时可使用一篮子股票

D．折价套利会增加ETF的总份额（2016年考试涉及）

【答案】C

【解析】A项，在一级市场上，只有资金达到一定规模的投资者（基金份额通常要求在30万份以上）可以随时在交易时间内进行以股票换份额（申购）、以份额换股票（赎回）的交易，中小投资者被排斥在一级市场之外。B项，ETF申购需要拿这只ETF指定的一篮子股票来换取；ETF赎回时得到的不是现金，而是相应的一篮子股票；D项，折价套利会导致ETF总份额的减少。见于教材89页。

105.（单选题）能够进行实时套利交易的基金是（　　）。

A．伞型基金　　　　　　　　　B．LOF

C. ETF　　　　　　　　　D. 保本基金（2016年考试涉及）

【答案】C

【解析】ETF的独特之处在于实行一级市场和二级市场交易同步进行的制度安排，投资者可以在ETF二级市场交易价格与基金份额净值两者之间存在差价时进行套利交易。见于教材89页。

106.（单选题）下列不属于QDII基金的投资范围的是（　　）。

A. 住房按揭支持证券

B. 银行存款

C. 经中国证监会认可的国际金融组织发行的证券

D. 所有公募基金（2016年考试涉及）

【答案】D

【解析】根据有关规定，除中国证监会另有规定外，QDII基金可投资于下列金融产品或工具：①银行存款、可转让存单、银行承兑汇票、银行票据、商业票据、回购协议、短期政府债券等货币市场工具；②政府债券、公司债券、可转换债券、住房按揭支持证券、资产支持证券及经中国证监会认可的国际金融组织发行的证券等；③与中国证监会签署双边监管合作谅解备忘录的国家或地区证券市场挂牌交易的普通股、优先股、全球存托凭证和美国存托凭证、房地产信托凭证；④在已与中国证监会签署双边监管合作谅解备忘录的国家或地区证券监管机构登记注册的公募基金；⑤与固定收益、股权、信用、商品指数、基金等标的物挂钩的结构性投资产品；⑥远期合约、互换及经中国证监会认可的境外交易所上市交易的权证、期权、期货等金融衍生产品。见于教材95页。

107.（单选题）下列有关QDII基金的描述不正确的是（　　）。

A. QDII基金可以进行国际市场投资

B. 目前我国除了基金管理公司和证券公司外，商业银行等其他金融机构也可以发行代客境外理财产品

C. QDII基金可投资于住房按揭支持证券、资产支持证券

D. QDII基金可购买房地产抵押按揭（2016年考试涉及）

【答案】D

【解析】除中国证监会另有规定外，QDII基金不得有下列行为：①购买不动产；②购买房地产抵押按揭；③购买贵重金属或代表贵重金属的凭证；④购买实物商品；⑤除应付赎回、交易清算等临时用途以外，借入现金；⑥利用融资购买证券，但投资金融衍生产品除外；⑦参与未持有基础资产的卖空交易；⑧从事证券承销业务；⑨中国证监会禁止的其他行为。见于教材96页。

108.（单选题）根据子份额之间（　　）的不同，可以将分级基金分为简单融资型分级基金与复杂型分级基金。

A. 运作方式　　　　　　　　B. 投资对象

C．募集方式　　　　　　　　D．收益分配（2016年考试涉及）

【答案】D

【解析】A项，按照运作方式可将分级基金分为封闭式分级基金与开放式分级基金；B项，按照投资对象可将分级基金分为股票型分级基金、债券型分级基金、QDII分级基金等；C项，按照募集方式可将分级基金分为合并募集和分开募集两种类型。见于教材102页。

109．（单选题）基金中的基金是指（　　）以上的基金资产投资于其他基金份额的基金。

A．50%　　　B．60%　　　C．70%　　　D．80%（2016年考试涉及）

【答案】D

【解析】80%以上的基金资产投资于其他基金份额的，是基金中的基金。见于教材104页。

110．（单选题）债券基金与股票基金相比，其净值波动性通常（　　）。

A．相同　　　　　　　　　B．大小无法确定
C．较小　　　　　　　　　D．较大（2015年考试涉及）

【答案】C

【解析】债券基金的波动性通常小于股票基金，所以常常被投资者认为是收益、风险适中的投资工具。见于教材73页。

111．（单选题）下列基金类型中投资风险最低的是（　　）。

A．指数基金　　　　　　　B．债券基金
C．股票基金　　　　　　　D．货币市场基金（2015年考试涉及）

【答案】D

【解析】与其他类型基金相比，货币市场基金具有风险低、流动性好的特点，是厌恶风险、对资产流动性以及安全性要求较高的投资者进行短期投资的理想工具。见于教材75页。

本章模拟题及解析

112．（单选题）下列（　　）不属于科学合理的基金分类的好处。

A．有利于监管部门实施更有效的分类监管
B．有助于确保投资者的基金投资获利
C．有助于投资者对基金风险收益特征的把握
D．有助于投资者加深对各种基金的认识

【答案】B

【解析】科学合理的基金分类将有助于投资者加深对各种基金的认识及对风

险收益特征的把握，有助于投资者作出正确的投资选择与比较。对基金管理公司而言，基金业绩的比较应该在同一类别中进行才公平合理。对基金研究评价机构而言，基金的分类则是进行基金评级的基础。对监管部门而言，明确基金的类别特征将有利于针对不同基金的特点实施更有效的分类监管。见于教材65页。

113.（单选题）基金按照投资对象进行的分类不包括（　　）。

A．股票基金　　　　　B．债券基金

C．货币市场基金　　　D．平衡型基金

【答案】D

【解析】根据投资对象将基金分为股票基金、债券基金、货币市场基金、混合基金、基金中的基金另类投资基金等。见于教材66页。

114.（单选题）关于股票基金，下列说法不正确的有（　　）。

A．股票基金是各国广泛采用的基金类型

B．根据中国证监会的基金分类标准，50%以上的基金资产投资于股票的为股票基金

C．根据中国证监会的基金分类标准，80%以上的基金资产投资于股票的为股票基金

D．主要投资于股票

【答案】B

【解析】股票基金是指以股票为主要投资对象的基金。股票基金在各类基金中历史最为悠久，也是各国（地区）广泛使用的一种基金类型。根据中国证监会对基金类别的分类标准，基金资产80%以上投资于股票的为股票基金。见于教材66页。

115.（单选题）增长型基金主要以（　　）为投资对象的证券。

A．大盘蓝筹股　　　　B．公司债

C．高成长性公司的股票　D．政府债券

【答案】C

【解析】增长型基金是指以追求资本增值为基本目标，很少考虑当期收入的基金，主要以具有良好增长潜力的股票为投资对象。见于教材67页。

116.（单选题）既注重资本增值又注重当期收入的基金是（　　）。

A．平衡型基金　　　　B．增长型基金

C．收入型基金　　　　D．指数基金

【答案】A

【解析】平衡型基金是既注重资本增值又注重当期收入的一类基金。见于教材67页。

117.（单选题）根据基金投资理念的不同，可将基金分为（　　）。

A．封闭式基金和开放式基金　B．主动型基金和被动型基金

C. 离岸基金和在岸基金　　D. 契约型基金和公司型基金

【答案】B

【解析】根据投资理念的不同，可将基金分为主动型基金和被动（指数）型基金。见于教材 67 页。

118.（单选题）（　　）是指以追求资本增值为基本目标的基金，较少考虑当期收入的基金，主要以具有良好增长潜力的股票为投资对象。

A. 货币市场基金　　B. 增长型基金

C. 收入型基金　　D. 平衡型基金

【答案】B

【解析】根据投资目标可以将基金分为增长型基金、收入型基金和平衡型基金。其中，增长型基金是指以追求资本增值为基本目标的基金，较少考虑当期收入的基金，主要以具有良好增长潜力的股票为投资对象。见于教材 67 页。

119.（单选题）下列关于在岸基金的说法不正确的是（　　）。

A. 证券投资基金组织在他国发售证券投资基金份额

B. 资金需求者在本国募集资金

C. 在岸基金相对离岸基金容易受基金的监管部门监督

D. 将募集的资金投资于本国证券市场

【答案】A

【解析】在岸基金是指在本国募集资金并投资于本国证券市场的证券投资基金。因为在岸基金的投资者、基金组织、基金管理人、基金托管人及其他当事人和基金的投资市场都是在本国境内，所以基金的监管部门比较容易运用本国法律法规及相关技术手段对证券投资基金的投资运作行为进行监管。见于教材 68 页。

120.（单选题）LOF 是指（　　）。

A. 系列基金　　B. 上市交易型开放式指数基金

C. 保本基金　　D. 上市开放式基金

【答案】D

【解析】上市开放式基金（LOF）是一种既可以在场外市场进行基金份额申购、赎回，又可以在交易所（场内市场）进行基金份额交易和基金份额申购或赎回的开放式基金。见于教材 68 页。

121.（单选题）在本国募集资金并投资于本国证券市场的证券投资基金是（　　）。

A. 在岸基金　　B. 离岸基金

C. 公募基金　　D. 私募基金

【答案】A

【解析】根据基金的资金来源和用途可以将基金分为在岸基金和离岸基金。在岸基金是指在本国募集资金并投资于本国证券市场的证券投资基金。见于教材

68页。

122.（单选题）下列关于开放式股票基金的说法，错误的是（　）。
A．开放式股票基金的价格在每一交易日内始终处于变化之中
B．与其他类型基金相比，股票基金的风险较高，但预期收益也较高
C．股票基金每天只进行一次净值计算，因此每一交易日只有一个价格
D．股票型基金80%以上的资产为股票资产
【答案】A
【解析】股票价格在每一交易日内始终处于变动之中，股票基金净值的计算每天只进行一次，所以每一交易日股票基金只有一个价格。见于教材70页。

123.（单选题）价值型股票基金与成长型股票基金相比（　）。
A．投资风险一样　　　　B．投资风险高低无法比较
C．投资风险相对较低　　D．投资风险相对较高
【答案】C
【解析】根据股票性质的不同，一般可将股票分为价值型股票与成长型股票。价值型股票通常是指收益稳定、价值被低估、安全性较高的股票，其市盈率、市净率往往较低；成长型股票一般是指收益增长速度快、未来发展潜力大的股票，其市盈率、市净率通常较高。见于教材71页。

124.（单选题）（　）以除本国以外的全球股票市场为投资对象，能够分散本国市场外的投资风险。
A．全球股票基金　　　　B．区域型股票基金
C．单一国家型股票基金　D．国内股票基金
【答案】A
【解析】全球股票基金以除本国以外的全球股票市场为投资对象，能够分散本国市场外的投资风险。见于教材71页。

125.（单选题）根据基金所持有的全部股票市值的平均规模与性质的不同，可以将股票基金分为九种基本类型，（　）不是其中划分类型。
A．小盘价值基金　　　　B．中盘成长基金
C．全球股票基金　　　　D．大盘平衡基金
【答案】C
【解析】根据基金所持有的全部股票市值的平均规模及性质，可以将股票型基金分为九种基本类型，为大盘、中盘、小盘与成长、价值、平衡的两两组合。见于教材72页。

126.（单选题）下列股票属于成长型股票的是（　）。
A．蓝筹股、收益型股票　B．防御型股票
C．周期型股票　　　　　D．逆势型股票
【答案】C

【解析】成长型股票可以进一步分为持续成长型股票、趋势增长型股票、周期型股票等。见于教材72页。

127.（单选题）下列关于债券基金的说法，正确的是（ ）。

A．无法定期分配收益　　　　B．可以计算平均到期日

C．收益率易于预测　　　　　D．利率风险波动性大

【答案】B

【解析】债券基金没有确定的到期日，但可对债券基金所持有的所有债券计算出一个平均到期日。见于教材74页。

128.（单选题）下列关于债券和债券基金的说法正确的是（ ）。

A．债券的收益不如债券基金的利息固定

B．债券基金没有确定的到期日

C．买入并持有到期的单一债券的收益率比债券基金的收益率更难以预测

D．单一债券随着到期日的临近，所承担的利率风险会升高

【答案】B

【解析】作为投资于一篮子债券的组合投资工具，债券基金与单一债券存在重大的区别。①债券基金的收益不如债券的利息固定；②债券基金没有确定的到期日；③债券基金的收益率比买入并持有到期的单一债券的收益率更难以预测；④单一债券随着到期日的临近，所承担的利率风险会下降。债券基金没有固定到期日，所承担的利率风险将取决于所持有的债券的平均到期日。见于教材73页。

129.（单选题）以下不属于债券根据发行人不同的分类标准分类的是（ ）。

A．政府债券　　B．企业债券　　C．金融债券　　D．可转换债券

【答案】D

【解析】根据债券发行者，可将债券分为政府债券、企业债券、金融债券等。根据债券到期日，可将债券分为短期债券、长期债券等。根据债券信用等级，可将债券分为低等级债券、高等级债券等。见于教材74页。

130.（单选题）关于货币市场基金的说法，正确的是（ ）。

A．没有投资风险　　　　　　B．只适合长期投资

C．只适合短期投资　　　　　D．既适合短期投资，也适合长期投资

【答案】C

【解析】货币市场基金具有风险低、流动性好的特点。货币市场基金是厌恶风险、对资产流动性及安全性要求较高的投资者进行短期投资的理想工具，或暂时存放现金的理想场所。但货币市场基金的长期收益率较低，并不适于进行长期投资。见于教材75页。

131.（单选题）货币市场工具往往指到期日（ ）的短期金融工具。

A．不足6个月　　　　　　　B．2年以内

C．不足1年　　　　　　　　D．不足3年

【答案】C

【解析】货币市场工具通常指到期日不足 1 年的短期金融工具。因为货币市场工具到期日非常短，所以也称为现金投资工具。见于教材 75 页。

132.（单选题）货币市场基金可以投资的金融工具是（　　）。

A．可转换债券

B．现金

C．信用等级 AAA 级以下的企业债券

D．股票

【答案】B

【解析】目前我国货币市场基金能够进行投资的金融工具主要包括：①现金；②1 年以内（含 1 年）的银行定期存款、大额存单；③剩余期限在 397 天以内（含 397 天）的债券；④期限在 1 年以内（含 1 年）的债券回购；⑤期限在 1 年以内（含 1 年）的中央银行票据；⑥剩余期限在 397 天以内（含 397 天）的资产支持证券。见于教材 75 页。

133.（单选题）依据资产配置的不同，混合基金可分为偏股型基金、偏债型基金、（　　）、灵活配置型基金等。

A．股债平衡型基金　　B．大盘价值型基金

C．房地产基金　　　　D．可转债基金

【答案】A

【解析】B 项是按投资风格分类的股票基金类型之一；C 项是按行业分类的股票基金类型之一；D 项是债券基金的类型之一。见于教材 81 页。

134.（单选题）保本基金的最大特点是其招募说明书中明确引入（　　）。

A．基金的运作方式　　B．保本保障机制

C．保本策略　　　　　D．资产配置方式

【答案】B

【解析】保本基金的最大特点是其招募说明书中明确引入保本保障机制，以确保基金份额持有人在保本周期到期时，可以获得投资本金。见于教材 83 页。

135.（单选题）根据中国证监会 2010 年 10 月 26 日公布的《关于保本基金的指导意见》，下列不属于现阶段我国保本基金的保本保障机制的是（　　）。

A．基金管理人对基金份额持有人的投资本金承担保本清偿义务

B．保本义务人在保本基金到期出现亏损时，负责向基金份额持有人偿付相应损失

C．基金管理人与符合条件的担保人签订保证合同，由担保人和基金管理人对投资人承担连带责任

D．基金管理人与符合条件的保本义务人签订风险买断合同的，保本义务人在向基金份额持有人偿付损失后，仍有向基金管理人追偿的权利

【答案】D

【解析】基金管理人和符合条件的保本义务人签订风险买断合同后,保本义务人在保本基金到期出现亏损时,负责向基金份额持有人赔偿相应损失。保本义务人在向基金份额持有人偿付损失后,放弃向基金管理人追偿的权利。见于教材83页。

136.（单选题）CPPI是通过比较（　　）,进而调整投资组合的资产比例,实现价值的保本与增值的投资组合保险策略。

　　A. 单个资产现时净值与投资组合价值底线
　　B. 投资组合现时净值与单个资产价值底线
　　C. 投资组合现时净值与投资组合价值底线
　　D. 单个资产现时净值与单个资产价值底线

【答案】C

【解析】CPPI是一种通过比较投资组合现时净值与投资组合价值底线,从而动态调整投资组合中风险资产和保本资产的比例,以兼顾保本与增值目标的保本策略。见于教材84页。

137.（单选题）ETF属于（　　）。

　　A. 保本基金　　　　　　B. 主动型基金
　　C. 基金中的基金　　　　D. 指数基金

【答案】D

【解析】ETF是以某一选定的指数所包含的成分证券为投资对象,依据构成指数的股票种类和比例,采取完全复制或抽样复制,进行被动投资的指数基金。ETF不但具有传统指数基金的全部特色,而且是更为纯粹的指数基金。见于教材88页。

138.（单选题）ETF的特点表现为（　　）。

　　Ⅰ. 被动操作的指数基金；Ⅱ. 独特的实物申购、赎回机制；
　　Ⅲ. 实行一级市场与二级市场并存的交易制度；Ⅳ. 1天提供1次基金净值报价

　　A. Ⅰ、Ⅱ　　　B. Ⅰ、Ⅳ　　　C. Ⅱ、Ⅳ　　　D. Ⅰ、Ⅱ、Ⅲ

【答案】D

【解析】ETF具有下列三大特点：①被动操作的指数基金；②独特的实物申购、赎回机制；③实行一级市场与二级市场并存的交易制度。见于教材88页。

139.（单选题）关于ETF的折价交易,下列说法不正确的是（　　）。

　　A. 出现于二级市场ETF交易价格低于份额净值时
　　B. 出现于二级市场ETF交易价格高于份额净值时
　　C. 导致ETF总份额的减少
　　D. 促使套利机会消失

【答案】B

【解析】当二级市场ETF交易价格低于其份额净值，即发生折价交易时，大的投资者可以通过在二级市场低价买进ETF，然后在一级市场赎回（高价卖出）份额，再于二级市场上卖掉股票而实现套利交易。见于教材90页。

140.（单选题）以下关于ETF和LOF的说法正确的是（　　）。

　　A．ETF、LOF与投资者交换的都是基金份额与一篮子股票

　　B．都具备开放式基金可以申购、赎回和场内交易的特点

　　C．ETF、LOF都通常采用完全被动式管理方法

　　D．ETF、LOF的申购、赎回都必须通过交易所进行

【答案】B

【解析】A项，ETF与投资者交换的是基金份额与一篮子股票，LOF的申购、赎回是基金份额与现金的对价；C项，ETF通常采用完全被动式管理方法，LOF则是普通的开放式基金；D项，ETF的申购、赎回通过交易所进行，LOF的申购、赎回既可以在代销网点进行，也可以在交易所进行。见于教材90页。

141.（单选题）在二级市场的净值报价上，ETF（　　）提供一个基金参考净值报价；LOF通常（　　）提供1次或几次基金净值报价。

　　A．每天；每天　　　　　　B．每小时；每小时

　　C．15秒；每天　　　　　　D．每天；15秒

【答案】C

【解析】在二级市场的净值报价上，ETF每15秒提供一个基金参考净值报价；LOF的净值报价频率要比ETF低，通常1天只提供1次或几次基金净值报价。见于教材90页。

142.（单选题）2004年底，我国推出的首只交易型开放式指数基金（ETF）是（　　）。

　　A．上证180ETF　　　　　B．上证50ETF

　　C．深证100ETF　　　　　D．上证红利ETF

【答案】B

【解析】我国第一只ETF是成立于2004年年底的上证50ETF。见于教材91页。

143.（单选题）下列关于ETF联接基金，说法错误的是（　　）。

　　A．可以在场外申购赎回

　　B．可以对ETF部分计提管理费

　　C．绝大部分基金财产投资于目标ETF

　　D．可以提供定期定额等方式来介入ETF的运作

【答案】B

【解析】根据中国证监会的规定，ETF联接基金的管理人不能对ETF联接基

金财产中的 ETF 部分计提管理费。见于教材 93 页。

144．（单选题）下列关于 ETF 联接基金特征的描述不正确的是（　　）。

A．联接基金依附于主基金

B．增强了 ETF 市场的交易活跃度

C．能参与 ETF 的套利

D．不是基金中的基金

【答案】C

【解析】联接基金不得参与 ETF 的套利，发展联接基金主要是为了做大指数基金的规模。联接基金的目的不在于套利，而是通过将银行渠道的资金引进来，做大指数基金的规模，推动指数化投资。见于教材 93 页。

145．（单选题）经中国证监会批准可以在境内募集资金进行境外证券投资的机构称为（　　）。

A．风险投资者　　　　　　B．合格境内机构投资者

C．战略投资者　　　　　　D．合格境外机构投资者

【答案】B

【解析】中国证监会颁布的《合格境内机构投资者境外证券投资管理试行办法》规定，符合条件的境内基金管理公司和证券公司，经中国证监会批准，可在境内募集资金进行境外证券投资管理。这种经过中国证监会批准可以在境内募集资金进行境外证券投资的机构称为合格境内机构投资者（QDII）。见于教材 94 页。

146．（单选题）下列选项中，（　　）不属于 QDII 基金的可投资范围。

A．住房按揭支持证券　　　B．房地产抵押按揭

C．远期合约　　　　　　　D．可转让存单

【答案】B

【解析】除中国证监会另有规定外，QDII 基金不得有下列行为：①购买不动产；②购买房地产抵押按揭；③购买贵重金属或代表贵重金属的凭证；④购买实物商品；⑤除应付赎回、交易清算等临时用途以外，借入现金；⑥利用融资购买证券，但投资金融衍生产品除外；⑦参与未持有基础资产的卖空交易；⑧从事证券承销业务；⑨中国证监会禁止的其他行为。见于教材 96 页。

147．（单选题）QDII 基金的好处不包括（　　）。

A．为投资者提供了新的投资机会

B．降低组合投资风险

C．提高金融监管水平

D．在我国人民币没有实现可自由兑换、资本项目尚未开放的情况下，有限度地允许境内投资者投资国际证券市场

【答案】C

【解析】QDII 基金是在我国人民币没有实现可自由兑换、资本项目尚未开放的情况下，有限度地允许境内投资者投资海外证券市场的一项过渡性的制度安排。QDII 基金进行国际市场投资，不但为投资者提供了新的投资机会，而且因为国际证券市场常常与国内证券市场具有较低的相关性，也为投资者降低组合投资风险提供了新的途径。见于教材 95 页。

148．（单选题）分级基金将一只基金分为预期风险收益不同的子份额，可以同时满足不同风险偏好投资者的需求，这说明分级基金具有（　　）特点。

A．内含衍生工具与杠杆特性　　B．交易所上市，可分离交易

C．份额分级，资产合并运作　　D．一只基金，多种选择

【答案】D

【解析】普通基金只适合于某一类特定风险收益偏好的投资者，而分级基金借助结构化设计将一只基金分为预期风险收益不同的子份额，可同时满足不同风险偏好投资者的需求。见于教材 99 页。

149．（单选题）下列对于分级基金的特点说法中，错误的是（　　）。

A．分级基金作为一种创新型基金，是继 ETF 后交易所场内的重要交易工具之一

B．一只基金，多类份额，多种投资工具

C．不含衍生工具与杠杆特性

D．基金份额可在交易所上市交易

【答案】C

【解析】分级基金的特点之一是内含衍生工具与杠杆特性。见于教材 100 页。

150．（单选题）分级基金按运作方式分类可分为（　　）。

A．封闭式分级基金与开放式分级基金

B．主动投资型分级基金与被动投资（指数化）型分级基金

C．合并募集和分开募集

D．存在母基金份额的分级基金和不存在母基金份额的分级基金

【答案】A

【解析】B 项属于按投资风格进行的分类；C 项属于按募集方式进行的分类；D 项属于按是否存在母基金份额进行的分类。见于教材 101 页。

151．（单选题）下列关于分级基金是否存在母基金份额的说法，错误的是（　　）。

A．按是否存在母基金份额，可以将分级基金分为存在母基金份额的分级基金和不存在母基金份额的分级基金

B．现有全部股票型分级基金都属于存在母基金份额的分级基金

C．现有全部债券型分级基金都属于不存在母基金份额的分级基金

D．不存在母基金份额的分级基金必然不采取份额配对转换机制

【答案】C

【解析】按是否存在母基金份额，可以将分级基金分为存在母基金份额的分级基金和不存在母基金份额的分级基金。现有全部股票型分级基金和少量债券型分级基金都属于存在母基金份额的分级基金，大部分债券型分级基金都属于不存在母基金份额的分级基金。不存在母基金份额的分级基金具有两个特点：一是必然不采取份额配对转换机制；二是其披露的基础份额净值并不代表基金整体的投资收益情况，存在一定的失真。见于教材102页。

152.（单选题）按子份额之间收益分配规则进行分类，可以将分级基金分为（ ）。

A. 简单融资型分级基金和复杂型分级基金

B. 封闭式分级基金和开放式分级基金

C. 主动投资型分级基金和被动投资（指数化）型分级基金

D. 合并募集分级基金和分开募集分级基金

【答案】A

【解析】按子份额之间收益分配规则进行分类，可以将分级基金分为简单融资型分级基金与复杂型分级基金。见于教材102页。

153.（单选题）FOF持有单只基金的市值，不得高于FOF资产净值的（ ）。

A. 20%　　B. 30%　　C. 50%　　D. 80%

【答案】A

【解析】FOF持有单只基金的市值，不得高于FOF资产净值的20%，且不得持有其他FOF。见于教材104页。

154.（单选题）基金中基金的类型不包括（ ）。

A. 主动管理主动型FOF　　B. 主动管理被动型FOF

C. 被动管理主动型FOF　　D. 被动管理混合型FOF

【答案】D

【解析】从运作模式而言FOF产品可以归纳为主动管理主动型FOF、主动管理被动型FOF、被动管理主动型FOF、被动管理被动型FOF四类。见于教材106页。

第四章
证券投资基金的监管

本章热题库

本章知识结构图

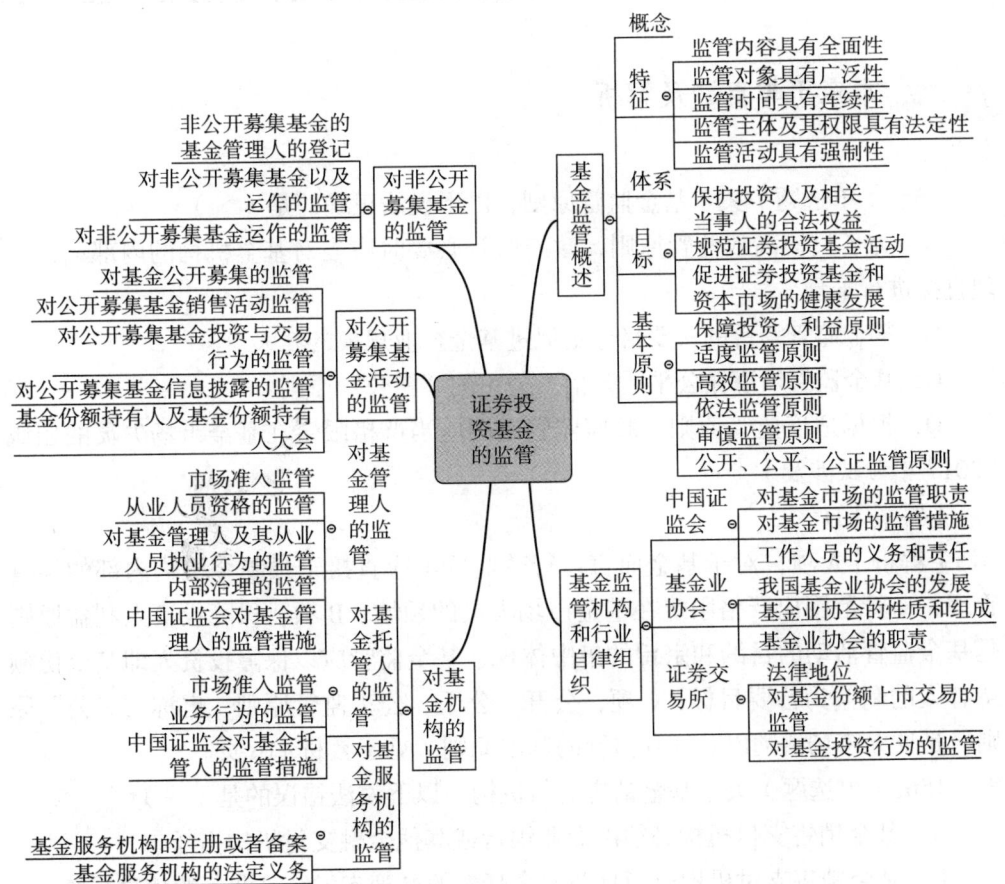

本章重点知识点

掌握 ★★★★★	理解 ★★★☆☆	了解 ★☆☆☆☆
基金监管的概念、体系、原则和目标； 中国证监会对基金行业的监管职责及监管措施； 行业自律组织对基金行业的自律管理； 对基金管理人的监管内容； 对基金托管人的监管内容； 对基金服务机构的监管内容； 对公募基金募集和销售活动的监管； 对公募基金运作的监管（包括投资与交易行为、信息披露、持有人大会等）； 非公开募集基金管理人登记事宜； 对非公开募集基金募集的监管； 非公开募集基金产品备案制度、基金的托管及销售； 非公开募集基金的投资运作行为规范	中国证券投资基金业协会章程的主要内容	

本章历年真题及解析

155.（单选题）关于基金监管原则，以下说法正确的是（　　）。

A. 为了贯彻高效监管原则，政府监管必要时应当对基金机构的内部经营管理直接进行干预

B. 基金监管宗旨的首要目标是促进基金行业规模的壮大

C. 基金监管须遵循公平、公信、公正的"三公"原则

D. 根据适度监管原则，政府监管范围应当严格限定在基金市场失灵的领域

（2017年考试涉及）

【答案】D

【解析】A项，对于基金而言，行政监管不应直接干预基金机构内部的经营管理，监管范围应严格限定在基金市场失灵的领域；B项，保障投资人利益原则是基金监管活动的目的和宗旨的集中体现，基金监管应以保障投资人即基金份额持有人的利益为首要目标；C项，公开、公平、公正监管原则，也称"三公"原则，是证券市场活动以及证券监管的基本原则。见于教材116页。

156.（单选题）关于基金销售支付机构，以下说法错误的是（　　）。

A. 基金销售支付机构必须由商业银行或其他金融支付机构担任

B. 基金销售支付机构应当具备安全高效的办理支付结算业务的信息系统

C. 基金销售支付机构必须确保基金销售结算资金安全、及时划付

D. 基金销售支付机构需要根据中国证监会规定予以备案（2017 年考试涉及）

【答案】A

【解析】A 项，基金销售支付机构可以是具有基金销售业务资格的商业银行或者取得中国人民银行颁发的《支付业务许可证》的非金融支付机构，且应当具备具有安全高效的办理支付结算业务的信息系统等条件。见于教材 136 页。

157．（单选题）根据《私募投资基金监督管理暂行办法》，关于私募基金的募集和运作，以下说法错误的是（　　）。

A. 私募基金必须由基金托管人托管

B. 私募基金募集机构可以通过微信向特定客户推介私募基金

C. 私募基金募集机构在认定合格投资者时，投资者持有的信托计划单位可以视为其金融资产

D. 私募基金管理人不得向投资者承诺投资本金不受损失（2017 年考试涉及）

【答案】A

【解析】《私募投资基金监督管理暂行办法》规定，除基金合同另有约定外，私募基金应当由基金托管人托管。基金合同约定私募基金不进行托管的，应当在基金合同中明确保障私募基金财产安全的制度措施和纠纷解决机制。见于教材 151 页。

158．（单选题）以下关于非公开募集基金的投资行为，正确的是（　　）。

A. 一只基金到期发生流动性风险，发行另外一只基金承接解决流动性问题

B. 基金经理通过适当的交易措施使得两只收益率差异巨大的基金最终收益趋于一致，保障全体投资人的利益

C. 在不同基金的管理人员之间共享具体的投资信息

D. 在投资过程中将基金管理公司自有财产和基金财产严格分离，建立防火墙制度，避免利益输送（2017 年考试涉及）

【答案】D

【解析】《私募投资基金监督管理暂行办法》规定，同一私募基金管理人管理不同类别私募基金的，应当坚持专业化管理原则；管理可能导致利益输送或者利益冲突的不同私募基金的，应当建立防范利益输送和利益冲突的机制。见于教材 151 页。

159．（单选题）关于政府对基金的监管与基金行业自律监管，以下表述错误的是（　　）。

A. 基金机构中从业人员的资格和行为不属于政府基金监管的范畴，而是行业自律组织监管的范畴

B. 政府基金监管活动贯穿基金机构从市场进入、市场活动和退出的全过程

C. 政府基金监管的监管活动具有强制性

D. 政府基金监管机构对所有的基金机构及其从业人员乃至基金行业自律组织均有权监管（2016年考试涉及）

【答案】A

【解析】行政监管的内容，不仅涉及各种基金机构的设立、变更和终止，基金机构从业人员的资格和行为，基金机构的活动规则，而且还涉及基金市场其他诸多方面的监管，监管内容具有全面性。见于教材113页。

160.（单选题）政府基金监管机构对所有的基金机构及其从业人员乃至基金行业自律组织有权监管，体现了政府监管的（ ）特征。

A. 强制性　　　　　　　　B. 广泛性

C. 连续性　　　　　　　　D. 法定性（2016年考试涉及）

【答案】B

【解析】监管对象具有广泛性：行政监管机构对所有的基金机构及其从业人员乃至基金行业自律组织均有权监管。见于教材114页。

161.（单选题）我国基金监管的目标不包括（ ）。

A. 保护市场的公平、效率和透明

B. 保证基金管理公司不倒闭

C. 规范证券投资基金活动

D. 保护投资者的利益（2016年考试涉及）

【答案】B

【解析】我国基金监管的目标包括：①保护投资人及相关当事人的合法权益；②规范证券投资基金活动；③促进证券投资基金和资本市场的健康发展。另外，在加强对基金行业和基金市场规范和监管的同时，进一步为我国基金业发展创造良好的环境，鼓励创新，推动我国基金市场开展公平、有序的竞争，促进证券投资基金和资本市场的健康发展，也是基金监管的重要目标。见于教材115页。

162.（单选题）基金监管工作的首要目标是（ ）。

A. 保护投资人的利益

B. 保证市场的公平、效率和透明

C. 降低系统风险

D. 推动基金业的发展（2016年考试涉及）

【答案】A

【解析】基金监管目标有：①保护投资人及相关当事人的合法权益；②规范证券投资基金活动；③促进证券投资基金和资本市场的健康发展。其中，依法保护投资人及相关当事人的合法权益，是基金监管的首要目标。见于教材115页。

163.（单选题）基金监管"三公"原则中的公开原则要求（　　）。

A．公开监管机构全部业务活动内容

B．基金市场具有充分的透明度，实现市场信息的公开化

C．市场中不存在歧视，参与市场的主体具有完全平等的权利

D．监管部门对被监管对象给予公正待遇（2016年考试涉及）

【答案】B

【解析】公开、公平、公正监管原则，也称"三公"原则。其中，公开原则不仅要求作为证券监管对象之一的基金市场具有充分的透明度，实现市场信息公开化，而且要求基金监管机构的监管规则和处罚应当公开。见于教材119页。

164.（单选题）作为实行自律管理的法人，证券交易所（　　）。

A．不是市场的管理者，没有监管权限

B．是市场的管理者，不受政府监管机构的监管

C．负责组织证券交易，没有监管权限

D．是市场的管理者，具有法定的监管权限（2016年考试涉及）

【答案】D

【解析】证券交易所具有监管者和被监管者的双重身份，一方面，作为证券市场组织者，其为众多证券机构提供集中交易场所，组织证券交易，实行自律管理，是市场的管理者，具有法定的监管权限；另一方面，其作为特殊的市场主体，也要接受政府证券监管机构的监管。见于教材124页。

165.（单选题）下列属于实行备案管理的基金服务机构的是（　　）。

A．基金份额登记机构、基金销售支付机构、基金估值核算机构

B．基金销售支付机构、基金投资顾问机构、基金评价机构

C．基金销售机构、基金销售支付机构、基金投资顾问机构

D．基金份额登记机构、基金估算核算机构、基金投资顾问机构（2016年考试涉及）

【答案】B

【解析】基金销售支付机构需要根据中国证监会的规定予以备案。中国证监会对于公开募集基金的基金份额登记机构、基金估值核算机构实行注册管理，对于基金投资顾问机构、基金评价机构、基金信息技术系统服务机构实行备案管理。见于教材136页。

166.按照规定办理基金销售结算资金的划付，是（　　）的法定义务。

A．基金评价机构　　B．基金投资顾问机构

C．基金份额登记机构　　D．基金销售支付机构（2016年考试涉及）

【答案】D

【解析】基金销售支付机构的法定义务包括：①按照规定办理基金销售结算资金的划付；②确保基金销售结算资金安全、及时划付。见于教材136页。

167.（单选题）基金管理人应当依法披露的基金信息不包括（ ）。

A．预期投资收益

B．基金招募说明书、基金合同、基金托管协议

C．基金资产净值、基金份额净值

D．基金份额持有人大会决议（2016年考试涉及）

【答案】A

【解析】基金管理人应当依法公开披露的基金信息包括：①基金招募说明书、基金合同、基金托管协议；②基金募集情况；③基金份额上市交易公告书；④基金资产净值、基金份额净值；⑤基金份额申购、赎回价格；⑥基金财产的资产组合季度报告、财务会计报告及中期和年度基金报告；⑦临时报告；⑧基金份额持有人大会决议；⑨基金管理人、基金托管人的专门基金托管部门的重大人事变动；⑩涉及基金财产、基金管理业务、基金托管业务的诉讼或者仲裁；⑪中国证监会规定应予披露的其他信息。见于教材143页。

168.（单选题）基金监管活动的要素包括（ ）等。

A．原则、内容、方式、手段

B．目标、原则、方式、手段

C．目标、体制、内容、方式

D．目标、体制、手段、方式（2015年考试涉及）

【答案】C

【解析】基金监管体系，即为基金监管活动各要素及其相互间的关系。基金监管活动的要素主要包括目标、体制、内容和方式等。见于教材114页。

169.（单选题）以下基金监管措施中，属于事中监管的是（ ）。

A．检查　　　　　　　　B．行政处罚

C．调查取证　　　　　　D．稽核（2015年考试涉及）

【答案】A

【解析】检查是基金监管的重要措施，属于事中监管方式。检查可分为日常检查和年度检查，也可分为现场检查和非现场检查。见于教材120页。

170.（单选题）中国证券投资基金业协会会员分为（ ）。

A．企业会员、联席会员、特别会员

B．普通会员、联席会员、企业会员

C．普通会员、联席会员、特别会员

D．普通会员、企业会员、特别会员（2015年考试涉及）

【答案】C

【解析】基金业协会是证券投资基金行业的自律性组织，会员包括普通会员、联席会员、观察会员和特别会员。

171．（单选题）基金管理公司投资管理人员，不包括（　　）。

A．公司投资决策委员会成员

B．公司交易员

C．公司投资、研究、交易部门的负责人

D．基金经理助理（2015年考试涉及）

【答案】B

【解析】基金管理公司投资管理人员具体包括：公司投资决策委员会成员，公司分管投资、研究、交易业务的高级管理人员，公司投资、研究、交易部门的负责人，基金经理、基金经理助理以及中国证监会规定的其他人员。见于教材128页。

172．（单选题）基金的宣传推介应当突出（　　）。

A．″有保障、高收益″　　　B．″业绩稳健″

C．″投资风险″　　　　　　D．″尽享牛市″（2015年考试涉及）

【答案】C

【解析】基金宣传推介材料的制作、分发及发布应当符合相关规定，应当充分揭示相关投资风险。见于教材140页。

173．（单选题）关于非公开募集基金，以下描述错误的是（　　）。

A．可采用讲座、报告会方式向公众宣传推介

B．应当向合格投资者募集

C．合格投资者累计不得超过二百人

D．应当制定签订基金合同（2015年考试涉及）

【答案】A

【解析】非公开募集基金，不得向合格投资者之外的单位和个人募集资金。不得通过下列媒介渠道推介私募基金：公开出版资料；面向社会公众的宣传单、布告、手册、信函、传真；海报、户外广告；电视、电影、电台及其他音像等公共传播媒体；公共、门户网站链接广告、博客等；未设置特定对象确定程序的募集机构官方网站、微信朋友圈等互联网媒介；未设置特定对象确定程序的讲座、报告会、分析会；未设置特定对象确定程序的电话、短信和电子邮件等通信媒介及法律行政法规、中国证监会的有关规定和中国基金协会自律规则禁止的其他行为。见于教材148页。

本章模拟题及解析

174．（单选题）狭义的基金监管专指（　　）依法对基金市场、基金市场主体及其活动的监督和管理。

A．基金行业自律组织　　　B．基金管理人员

C．政府基金监管机构　　　　D．基金机构内部监督部门

【答案】C

【解析】狭义的基金监管一般专指行政监管，即有法定监管权的政府机构依法对基金市场、基金市场主体及其活动的监督和管理。见于教材113页。

175．（单选题）较之基金行业自律、基金机构内控以及社会力量监督，政府基金监管的特征不包括（　　）。

A．监管活动具有自愿性　　　　B．监管时间具有连续性

C．监管对象具有广泛性　　　　D．监管主体及其权限具有法定性

【答案】A

【解析】政府基金监管较之基金行业自律、基金机构内控以及社会力量监督具有以下特征：①监管内容具有全面性；②监管对象具有广泛性；③监管时间具有连续性；④监管主体及其权限具有法定性；⑤监管活动具有强制性。见于教材113页。

176．（单选题）政府基金监管活动贯穿基金机构从设立直至终止的全过程，包括市场进入、市场活动和市场退出的各方面制度，体现为（　　）的连续活动。

A．事前监管

B．事中监管

C．事前监管、事中监管和事后监管

D．事后监管

【答案】C

【解析】行政监管活动贯穿基金机构从设立直至终止的全过程，包括市场进入、市场活动和市场退出的各方面制度，体现为事前监管、事中监管和事后监管的连续活动。见于教材114页。

177．（单选题）下列不属于政府基金监管机构依法行使的权利的是（　　）。

A．审批权　　B．监督权　　C．行政处罚权　　D．禁止权

【答案】B

【解析】行政监管机构依法行使审批权、检查权、禁止权、撤销权、行政处罚权和行政处分权等监管权，均具有法律效力，具有强制性，这是政府对基金行业有效监管的保证。见于教材114页。

178．（单选题）基金监管（　　），是指基金监管具体对象的范围，既包括基金市场活动的主体也包括基金市场主体的活动。

A．内容　　B．体制　　C．目标　　D．方式

【答案】A

【解析】基金监管活动的要素主要包括目标、体制、内容和方式等。基金监管内容，是指基金监管具体对象的范围，既包括基金市场活动的主体也包括基金市场主体的活动。见于教材114页。

179.（单选题）（ ）是一切基金监管活动的出发点。

A．基金监管的组织结构　　B．基金监管的原则

C．基金监管的法律体系　　D．基金监管的目标

【答案】D

【解析】基金监管目标是基金监管活动的出发点和价值归宿。见于教材115页。

180.（单选题）基金监管只有以有效地（ ）为切入点和着力点，才能切实保护投资人及相关当事人合法权益。

A．保护投资人

B．促进证券投资基金的健康发展

C．促进资本市场的健康发展

D．规范证券投资基金活动

【答案】D

【解析】投资人及相关当事人的合法权益，通常都是在具体的证券投资基金活动中才有可能被侵害，因此，基金监管只有以有效地规范证券投资基金活动为切入点和着力点，才能切实保护投资人及相关当事人合法权益。见于教材115页。

181.（单选题）基金监管的基本原则，集中体现基金监管的本质属性和根本价值，它具有（ ）的特征。

A．基础性和微观性　　B．基础性和系统性

C．基础性和宏观性　　D．宏观性和系统性

【答案】C

【解析】基金监管的基本原则，是贯穿于基金监管活动始终的、起统帅和指导作用的基本准则。作为基本原则，应该集中体现基金监管的本质属性和根本价值，它具有基础性和宏观性的特征。见于教材116页。

182.（单选题）基金监管的基本原则不包括（ ）。

A．保护投资人利益原则　　B．严格监管原则

C．审慎监管原则　　D．公开、公平、公正监管原则

【答案】B

【解析】基金监管的基本原则包括下列几个方面：①保护投资人利益原则；②适度监管原则；③高效监管原则；④依法监管原则；⑤审慎监管原则；⑥公开、公平、公正监管原则。见于教材116页。

183.（单选题）基金监管的适度监管原则要求形成"四位一体"的监管格局，下述表述不正确的是（ ）。

A．政府监管为核心　　B．机构内控为主体

C．社会监督为补充　　D．行业自律为纽带

【答案】B

【解析】基金监管的适度监管原则要求监管范围应严格限定在基金市场失灵的领域。需形成以政府监管为核心、行业自律为纽带、机构内控为基础、社会监督为补充的"四位一体"的监管格局。见于教材117页。

184.（单选题）下面不属于基金监管所依据的部门规章或规范性文件的是（ ）。

A.《证券投资基金管理公司管理办法》
B.《公开募集证券投资基金销售公平竞争行为规范》
C.《公开募集证券投资基金运作管理办法》
D.《证券投资基金销售管理办法》

【答案】B

【解析】《公开募集证券投资基金销售公平竞争行为规范》属于基金监管中的自律规则。见于教材118页。

185.（单选题）中国证监会内部设有（ ），具体承担基金监管职责。

A．创新业务监管部　　　　B．私募基金监管部
C．证券基金机构监管部　　D．发行监管部

【答案】C

【解析】中国证监会内部设有证券基金机构监管部，具体承担基金监管职责。中国证监会派出机构即各地方证监局是中国证监会的内部组成部门，依照中国证监会的授权履行职责。见于教材120页。

186.（单选题）制定证券投资基金活动相关监督管理规章、规则是（ ）依法履行的职责之一。

A．国务院　　　　B．各地证监局
C．基金业协会　　D．中国证监会

【答案】D

【解析】中国证监会依法履行的职责包括：制定有关证券投资基金活动监督管理的规章、规则，并行使审批、核准或者注册权。见于教材120页。

187.（单选题）基金市场的违法犯罪行为的特点不包括（ ）。

A．涉案金额小　　B．电子化
C．智商高　　　　D．行为隐蔽

【答案】A

【解析】基金市场的违法犯罪行为具有智商高、电子化、行为隐蔽、手段多样、涉案金额高、社会危害大等特点。见于教材120页。

188.（单选题）（ ）需要基金监管机构的检查人员现场察看、听取汇报、查验资料。

A．现场检查　　B．日常检查

C．非现场检查　　　　　D．年度检查

【答案】A

【解析】现场检查是指基金监管机构的检查人员亲临基金机构业务场所，通过现场察看、听取汇报、查验资料等方式进行实地检查的监管措施。见于教材121页。

189．（单选题）中国证监会限制被调查事件当事人证券买卖的期限一般不得超过（　）。

A．15个交易日　　　　　B．15个工作日
C．10个工作日　　　　　D．10个交易日

【答案】A

【解析】中国证监会在调查操纵证券市场、内幕交易等重大证券违法行为时，经中国证监会主要负责人批准，可限制被调查事件当事人的证券买卖，但限制的期限不得超过15个交易日；案情复杂的，可延长15个交易日。见于教材121页。

190．（单选题）加入基金业协会的（　），为联席会员。

A．基金托管人　　　　　B．证券期货交易所
C．基金服务机构　　　　D．登记结算机构

【答案】C

【解析】联席会员包括按照国务院证券监督管理机构或协会规定注册、备案或登记的从事基金销售、份额登记、估值、评价、信息技术系统服务等基金服务业务的机构，以及为基金业务提供法律和会计等专业服务的律师事务所和会计师事务所。见于教材123页。

191．（单选题）（　）中国证券投资基金业协会正式成立，原中国证券业协会基金公司会员部的行业自律职责转入中国证券投资基金业协会。

A．2001年8月　　　　　B．2004年12月
C．2007年　　　　　　　D．2012年6月

【答案】D

【解析】2001年8月，中国证券业协会基金公会成立。2004年12月，中国证券业协会证券投资基金业委员会成立。该委员会作为基金专业人士组成的议事机构，承接了原基金公会的职能和任务，在中国证券业协会的领导下开展工作。2007年，中国证券业协会设立了基金公司会员部，负责基金管理公司和基金托管银行特别会员的自律管理。2012年6月，中国证券投资基金业协会正式成立，原中国证券业协会基金公司会员部的行业自律职责转入中国证券投资基金业协会。见于教材123页。

192．（单选题）下列不属于中国证券投资基金业协会职责的是（　）。

A．研究论证业内相关政策与方案
B．制定行业执业标准和业务规范

C. 制定和实施行业自律规则

D. 提供会员服务，组织行业交流，推动行业创新

【答案】A

【解析】依据《证券投资基金法》的规定，基金业协会的职责包括：①教育和组织会员遵守有关证券投资的法律、行政法规，维护投资人合法权益；②依法维护会员的合法权益，反映会员的建议和要求；③制定和实施行业自律规则，监督、检查会员及其从业人员的执业行为，对违反自律规则和协会章程的，按照规定给予纪律处分；④制定行业执业标准和业务规范，组织基金从业人员的从业考试、资质管理和业务培训；⑤提供会员服务，组织行业交流，推动行业创新，开展行业宣传和投资人教育活动；⑥对会员之间、会员与客户之间发生的基金业务纠纷进行调解；⑦依法办理非公开募集基金的登记、备案；⑧协会章程规定的其他职责。见于教材124页。

193.（单选题）当证券交易所在日常监控中发现基金存在异常交易行为时，应报送给（ ）。

A. 中国证监会在证券交易所所在地的派出机构

B. 中国证监会在基金公司注册地的派出机构

C. 中国证监会

D. 中国证监会在基金公司主要办公场所所在地的派出机构

【答案】C

【解析】证券交易所在监控中发现基金交易行为异常，涉嫌违法违规的，可根据具体情况，采取电话提示、警告、约见谈话、公开谴责等措施，并同时向中国证监会报告。见于教材125页。

194.（单选题）对在交易所上市基金的信息披露的监管主体是（ ）。

A. 证监会　　　　　　　　B. 基金管理人

C. 基金业协会　　　　　　D. 证券交易所

【答案】D

【解析】证券交易所负责对基金在交易所内的投资交易活动进行监管；负责交易所上市基金的信息披露监管工作。见于教材125页。

195.（单选题）担任公开募集基金的基金管理人的主体可以是（ ）。

A. 依法设立的公司

B. 依法设立的合伙企业

C. 证券交易所

D. 基金管理公司或者经中国证监会按照规定核准的其他机构担任

【答案】D

【解析】依据《证券投资基金法》的规定，基金管理人由依法设立的公司或者合伙企业担任。而担任公开募集基金的基金管理人的主体资格受到严格限制，

只能由基金管理公司或者经中国证监会按照规定核准的其他机构担任。见于教材126页。

196．（单选题）公开募集基金管理公司的注册资本应不低于（　），且必须为实缴货币资本。

A．2亿元　　　B．1亿元　　　C．20亿元　　　D．5亿元

【答案】B

【解析】公开募集基金管理公司应具备的条件之一是：注册资本不低于1亿元人民币，且必须为实缴货币资本。见于教材127页。

197．（单选题）基金管理公司变更持有5%以上股权的股东，变更公司的实际控制人，或者变更其他重大事项，应当报经国务院证券监督管理机构批准。国务院证券监督管理机构应当自受理申请之日起（　）内作出批准或者不予批准的决定，并通知申请人。

A．60日　　　B．90日　　　C．30日　　　D．180日

【答案】A

【解析】国务院证券监督管理机构应当自受理申请之日60日内起作出批准或者不予批准的决定，并通知申请人。见于教材128页。

198．（单选题）基金经理任职应当具备的条件不包括（　）。

A．取得基金从业资格

B．通过中国证监会或者其授权机构组织的高级管理人员证券投资法律知识考试

C．没有《公司法》《证券投资基金法》等法律、行政法规规定的不得担任公司董事、监事、经理和基金从业人员的情形

D．最近2年没有受到证券、银行、工商和税务等行政管理部门的行政处罚

【答案】D

【解析】基金经理任职应当具备以下条件：①取得基金从业资格；②通过中国证监会或者其授权机构组织的高级管理人员证券投资法律知识考试；③具有3年以上证券投资管理经历；④没有《公司法》《证券投资基金法》等法律、行政法规规定的不得担任公司董事、监事、经理和基金从业人员的情形；⑤最近3年没有受到证券、银行、工商和税务等行政管理部门的行政处罚。见于教材128页。

199．（单选题）下列不属于基金管理人及其从业人员的执业禁止行为的一项是（　）。

A．将其固有财产或者他人财产混同于基金财产从事证券投资

B．公平地对待其管理的不同基金财产

C．利用基金财产或者职务之便为基金份额持有人以外的人牟取利益

D．向基金份额持有人违规承诺收益或者承担损失

【答案】B

【解析】依据《证券投资基金法》的规定，公开募集基金的基金管理人及其董事、监事、高级管理人员和其他从业人员不得有下列行为：①将其固有财产或者他人财产混同于基金财产从事证券投资；②不公平地对待其管理的不同基金财产；③利用基金财产或者职务之便为基金份额持有人以外的人牟取利益；④向基金份额持有人违规承诺收益或者承担损失；⑤侵占、挪用基金财产；⑥泄露因职务便利获取的未公开信息，利用该信息从事或者明示、暗示他人从事相关的交易活动；⑦玩忽职守，不按照规定履行职责；⑧法律、行政法规和中国证监会规定禁止的其他行为。见于教材130页。

200.（单选题）基金管理人的股东、实际控制人可以有下列（　　）行为。

A．虚假出资

B．抽逃出资

C．要求基金管理人利用基金财产为他人牟取利益

D．经股东会或者董事会决议，干预基金管理人的基金经营活动

【答案】D

【解析】基金管理人的股东、实际控制人应按中国证监会的规定及时履行重大事项报告义务，并禁止有下列行为：①虚假出资或者抽逃出资；②未依法经股东会或董事会决议擅自干预基金管理人的基金经营活动；③要求基金管理人利用基金财产为自己或者他人牟取利益，损害基金份额持有人利益；④中国证监会规定禁止的其他行为。见于教材131页。

201.（单选题）基金管理人应当依法建立风险准备金制度，从（　　）中计提风险准备金。

A．基金管理报酬　　　　B．高管工资和控股股东股利

C．公司资本金　　　　　D．营业收入

【答案】A

【解析】依据《证券投资基金法》的规定，公开募集基金的基金管理人应当从管理基金的报酬中计提风险准备金。公开募集基金的基金管理人因违法违规、违反基金合同等原因给基金财产或者基金份额持有人合法权益造成损失，应当承担赔偿责任的，可以优先使用风险准备金予以赔偿。见于教材131页。

202.（单选题）依据《证券投资基金法》的规定，下列各项中（　　）不是基金管理人职责终止的事由。

A．被依法取消基金管理资格

B．依法解散、被依法撤销或者被依法宣告破产

C．被基金份额持有人大会解任

D．基金管理人风险控制管理不合规，被证监会予以监管

【答案】D

【解析】根据《证券投资基金法》的规定，基金管理人职责终止的事由包括：①被依法取消基金管理资格；②被基金份额持有人大会解任；③依法解散、被依法撤销或者被依法宣告破产；④基金合同约定的其他情形。见于教材132页。

203．（单选题）关于担任基金托管人的条件，以下描述错误的是（ ）。

A．有安全高效的清算、交割系统

B．取得基金从业资格的专职人员达到法定人数

C．设有专门的基金投资部门

D．净资产和风险控制指标符合有关规定

【答案】C

【解析】担任基金托管人，应当具备以下条件：①净资产和风险控制指标符合有关规定；②设有专门的基金托管部门；③取得基金从业资格的专职人员达到法定人数；④有安全保管基金财产的条件；⑤有安全高效的清算、交割系统；⑥有符合要求的营业场所、安全防范设施和与基金托管业务有关的其他设施；⑦有完善的内部稽核监控制度和风险控制制度；⑧法律、行政法规规定的和经国务院批准的中国证监会、中国银监会规定的其他条件。见于教材133页。

204．（单选题）依照《证券投资基金法》的规定，属于基金托管人职责的是（ ）。

A．办理基金份额的发售、申购、赎回、登记事宜

B．及时办理基金资金清算、交割事宜

C．保存基金财产管理业务活动的记录、账册、报表

D．计算并公告基金资产净值

【答案】B

【解析】ACD三项属于基金管理人的职责。见于教材133页。

205．（单选题）基金托管人职责终止的，基金份额持有人大会应当在（ ）月内选任新基金托管人。

A．3个   B．6个   C．12个   D．24个

【答案】B

【解析】基金托管人职责终止的，基金份额持有人大会应当在6个月内选任新基金托管人。见于教材134页。

206．（单选题）中国证监会、中国银监会不可以取消基金托管人的基金托管资格的情形是（ ）。

A．连续3年没有开展基金托管业务的

B．违反《证券投资基金法》规定，情节严重的

C．被基金份额持有人大会解任

D．法律、行政法规规定的其他情形

【答案】C

【解析】中国证监会、中国银监会对有下列情形之一的基金托管人，可以取消其基金托管资格：①连续3年没有开展基金托管业务的；②违反《证券投资基金法》规定，情节严重的；③法律、行政法规规定的其他情形。C项，被基金份额持有人大会解任是基金托管人职责终止的情形。见于教材134页。

207.（单选题）基金投资顾问机构及其从业人员的法定义务包括（　　）。

A．对其服务能力和经营业绩进行如实陈述

B．客观公正，按照依法制定的业务规则开展基金评价业务

C．根据投资人的风险承担能力销售不同风险等级的基金产品

D．确保基金销售结算资金安全、及时划付

【答案】A

【解析】基金投资顾问机构及其从业人员的法定义务包括：①提供基金投资顾问服务，应当具有合理的依据；②对其服务能力和经营业绩进行如实陈述；③不得以任何方式承诺或者保证投资收益；④不得损害服务对象的合法权益。见于教材136页。

208.（单选题）下列不属于注册公开募集基金需提交的文件的是（　　）。

A．上市公告书　　　　　　B．基金合同草案

C．申请报告　　　　　　　D．招募说明书草案

【答案】A

【解析】注册公开募集基金，由拟任基金管理人向中国证监会提交以下文件：①申请报告；②基金合同草案；③基金托管协议草案；④招募说明书草案；⑤律师事务所出具的法律意见书；⑥中国证监会规定提交的其他文件。见于教材138页。

209.（单选题）下列关于基金的募集期限的说法，正确的是（　　）。

A．基金管理人应当自收到准予注册文件之日起3个月内进行基金募集

B．超过3个月开始募集，原注册的事项未发生实质性变化的，应当报中国证监会备案；发生实质性变化的，应当向中国证监会重新提交注册申请

C．基金募集不得超过中国证监会准予注册的基金募集期限

D．基金募集期限自基金份额购买之日起计算

【答案】C

【解析】关于基金的募集期限，基金管理人应当自收到准予注册文件之日起6个月内进行基金募集，A项说法错误。超过6个月开始募集，原注册的事项未发生实质性变化的，应当报中国证监会备案；发生实质性变化的，应当向中国证监会重新提交注册申请，B项说法错误。基金募集不得超过中国证监会准予注册的基金募集期限，C项说法正确。基金募集期限自基金份额发售之日起计算，D项说法错误。见于教材139页。

210.（单选题）下列不属于对公开募集基金销售活动的监管的是（　　）。

A．对基金募集对象的限制　　B．对基金宣传推介材料的监管

C．基金销售适用性监管　　D．对基金销售费用的监管

【答案】A

【解析】对公开募集基金销售活动的监管主要涉及如下内容：①基金销售适用性监管；②对基金宣传推介材料的监管；③对基金销售费用的监管。见于教材140页。

211．（单选题）下列关于基金销售机构收取增值服务费的说法，不正确的是（　　）。

A．遵循合理、公开、质价相符的定价原则

B．所有开办增值服务的营业网点应当公示增值服务的内容

C．增值服务费应当从申购（认购）资金中扣除

D．统一印制服务协议，明确增值服务的内容、方式、收费标准、期限及纠纷解决机制等

【答案】C

【解析】基金销售机构收取增值服务费的，增值服务费应当单独缴纳，不应从申购（认购）资金中扣除。C项说法错误。见于教材141页。

212．（单选题）基金财产可以用于（　　）。

A．从事承担无限责任的投资

B．承销证券

C．投资上市交易的股票、债券

D．从事内幕交易、操纵证券交易价格及其他不正当的证券交易活动

【答案】C

【解析】基金财产可用于下列投资：①上市交易的股票、债券；②中国证监会规定的其他证券及其衍生品种。见于教材142页。

213．（单选题）基金信息披露的禁止行为，不包括（　　）。

A．对证券投资业绩进行预测

B．虚假记载、误导性陈述或者重大遗漏

C．通过基金管理人自身开设和管理的网络披露信息

D．违规承诺收益或者承担损失

【答案】C

【解析】公开披露基金信息，不得有以下行为：①虚假记载、误导性陈述或者重大遗漏；②对证券投资业绩进行预测；③违规承诺收益或者承担损失；④诋毁其他基金管理人、基金托管人或者基金销售机构；⑤法律、行政法规和中国证监会规定禁止的其他行为。见于教材143页。

214．（单选题）（　　）可以决定基金扩募或者延长基金合同期限。

A．基金托管人　　　　　　B．股东大会

C．董事会　　　　　　　　D．基金份额持有人大会

【答案】D

【解析】基金份额持有人大会由全体基金份额持有人组成,行使下列职权:①决定基金扩募或者延长基金合同期限;②决定修改基金合同的重要内容或者提前终止基金合同;③决定更换基金管理人、基金托管人;④决定调整基金管理人、基金托管人的报酬标准;⑤基金合同约定的其他职权。见于教材144页。

215.(单选题)下列关于基金份额持有人大会召开的说法,不正确的是( )。

A. 每一基金份额具有一票表决权,基金份额持有人可以委托代理人出席基金份额持有人大会并行使表决权

B. 基金份额持有人大会应当有代表2/3以上基金份额的持有人参加,方可召开

C. 参加基金份额持有人大会的持有人的基金份额低于前款规定比例的,召集人可以在原公告的基金份额持有人大会召开时间的3个月以后、6个月以内,就原定审议事项重新召集基金份额持有人大会

D. 重新召集的基金份额持有人大会应当有代表1/3以上基金份额的持有人参加,方可召开

【答案】B

【解析】基金份额持有人大会应当有代表1/2以上基金份额的持有人参加,方可召开。B项说法错误。见于教材145页。

216.(单选题)担任非公开募集基金的基金管理人实行( )。

A. 审批制   B. 注册制   C. 登记制   D. 核准制

【答案】C

【解析】我国对于非公开募集基金的基金管理人没有严格的市场准入限制,担任非公开募集基金的基金管理人不用中国证监会审批,而实行登记制度,即非公开募集基金的基金管理人只需向基金业协会登记即可。见于教材146页。

217.(单选题)( )是"投资者适当性"原则的体现。

A. 行政审批制度   B. 适度监管制度
C. 合格投资者制度   D. 市场准入限制

【答案】C

【解析】合格投资者制度是非公开募集基金在募集对象方面的一项重要制度,目前在我国股指期货、融资融券、信托公司信托计划等金融领域都有所体现,是将风险不同的金融产品提供给具有相应风险承受能力投资者的"投资者适当性"原则的体现。见于教材147页。

218.(单选题)非公开募集基金不得向( )推介。

A. 社会保障基金、企业年金等养老基金

B. 私募基金管理人及其从业人员

C．一般投资机构或个人

D．慈善基金等社会公益基金

【答案】C

【解析】采用非公开方式推介是区别于公开募集基金的关键性特征。非公开募集基金，不得向合格投资者之外的单位或个人募集资金。见于教材148页。

219．（单选题）（　　）是指主要投资于未上市创业企业普通股或者依法可转换为普通股的优先股、可转换债券等权益的股权投资基金。

A．天使基金　　　　　　　B．创业投资基金

C．信托投资基金　　　　　D．股票基金

【答案】B

【解析】创业投资基金，是指主要投资于未上市创业企业普通股或者依法可转换为普通股的优先股、可转换债券等权益的股权投资基金。见于教材152页。

220．（单选题）私募基金运作过程中，发生重大事项的，私募基金管理人应在10个工作日内向（　　）报告。

A．基金业协会　　　　　　B．各地证监局

C．各地银监局　　　　　　D．中国证监会

【答案】A

【解析】私募基金管理人可根据基金业协会规定，及时填报各类信息；发生重大事项的，应在10个工作日内向基金业协会报告。见于教材152页。

第五章 基金职业道德

本章热题库

📱 本章知识结构图

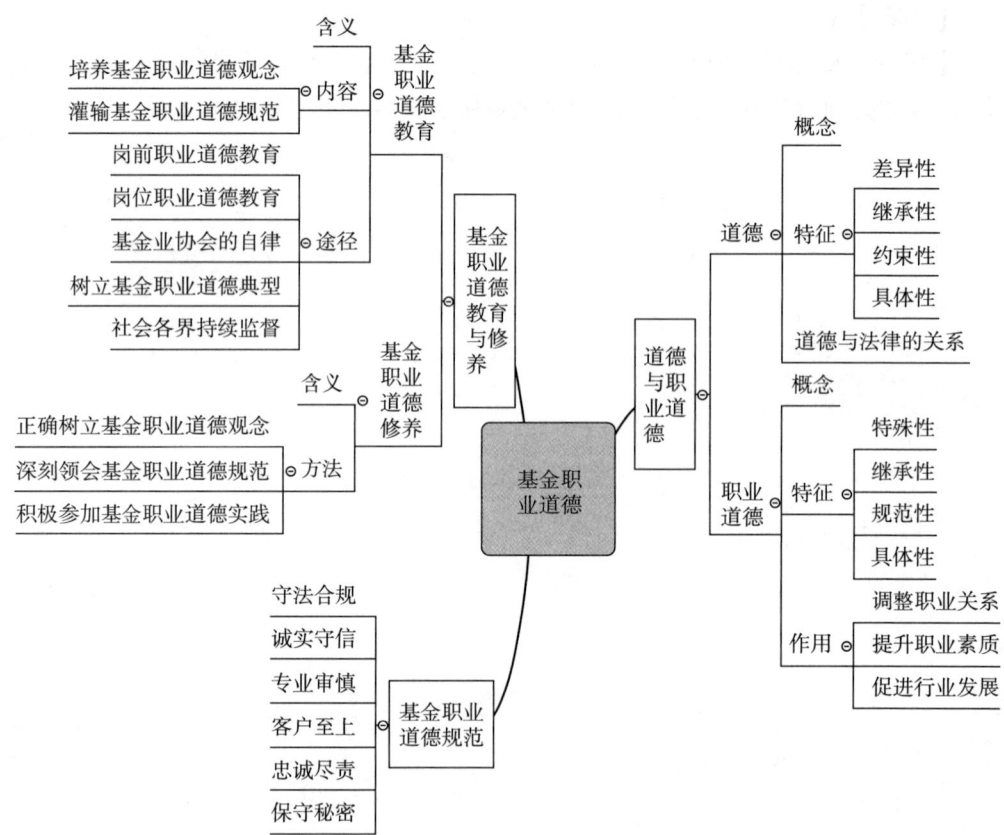

本章重点知识点

掌握 ★★★★★	理解 ★★★☆☆	了解 ★☆☆☆☆
守法合规的含义及基本要求； 诚实守信的含义及基本要求； 专业审慎的含义及基本要求； 客户至上的含义及基本要求； 忠诚尽责的含义及基本要求； 保守秘密的含义及基本要求	道德与职业道德的含义； 道德与法律的联系和区别； 基金从业人员职业道德的含义； 基金职业道德教育与修养的内容与途径	

本章历年真题及解析

221．（单选题）以下不符合专业审慎职业道德规范要求的是（　　）。

A．基金从业人员在进行投资分析时，保持独立性与客观性

B．基金从业人员应牢固树立风险控制意识

C．基金从业人员应区分投资分析中的事实和假设

D．基金从业人员在向客户预测所推介产品的未来收益时，应分析产品全部历史业绩（2017年考试涉及）

【答案】D

【解析】D项，基金从业人员在陈述所推介基金或同一基金管理人管理的其他基金的过往业绩时，应当客观、全面、准确，并提供业绩信息的原始出处，不得片面夸大过往业绩，也不得预测所推介基金的未来业绩。见于教材169页。

222．（单选题）关于培养基金从业人员的职业道德修养具体的方法，以下说法正确的是（　　）。

Ⅰ．积极参加基金职业道德实践；Ⅱ．虚心向行业榜样学习；

Ⅲ．树立正确的基金职业道德观念；Ⅳ．深刻领会基金职业道德规范

A．Ⅲ、Ⅳ B．Ⅰ、Ⅱ、Ⅲ、Ⅳ

C．Ⅰ、Ⅲ D．Ⅰ、Ⅲ、Ⅳ（2017年考试涉及）

【答案】B

【解析】基金职业道德修养的方法包括：①正确树立基金职业道德观念；②深刻领会基金职业道德规范；③积极参加基金职业道德实践。基金从业人员在实践中，还应当虚心向先进人物学习。见于教材179页。

223．（单选题）关于道德的说法中，正确的是（　　）。

A．纵观历史，人类道德几乎没有发生变化

B．道德与经济发展无关，所谓道德观念总是抽象的

C. 道德是处理人与社会之间关系的行为规范

D. 职业道德属于基本道德规范（2016年考试涉及）

【答案】C

【解析】A项，没有永恒不变的道德，道德总是随着社会经济的发展而不断地变化；B项，道德是由一定的社会经济基础决定的，是一定社会关系的反映，道德观念是具体的；D项，职业道德是基本道德规范在特定领域的具体表现，属于特定道德规范。见于教材155页。

224．（单选题）法律主要依靠国家强制力保证实施，而道德主要依靠社会舆论、传统习俗和内心信念等力量来实现其约束力，说明法律与道德（　　）。

A. 调整范围相同　　　　　　B. 调整手段不同

C. 目的不同　　　　　　　　D. 功能相互排斥（2016年考试涉及）

【答案】B

【解析】调整手段不同。法律主要依靠国家强制力保证实施；而道德主要依靠社会舆论、传统习俗和内心信念等力量来实现其约束力。相比法律，道德的调整手段更多，但均不具有强制性。见于教材157页。

225．（单选题）我国基金从业人员职业道德规范的内容不包括（　　）。

A. 诚实守信　　　　　　　　B. 大客户利益优先

C. 专业审慎　　　　　　　　D. 守法合规（2016年考试涉及）

【答案】B

【解析】我国基金职业道德规范的具体内容主要包括：守法合规、诚实守信、专业审慎、客户至上、忠诚尽责、保守秘密。见于教材162页。

226．（单选题）关于守法合规职业道德的要求，以下表述错误的是（　　）。

A. 守法合规的前提是熟悉相关的法律法规等行为规范

B. 当不同效力级别的规范对同一行为均有规定时，基金从业人员可选择性遵守

C. 不负有监督职责的基金从业人员，也应当监督他人的行为是否符合法律法规的要求

D. 基金从业人员应当积极配合基金监管机构的监管（2016年考试涉及）

【答案】B

【解析】基金从业人员应当严格遵守法律法规等行为规范，当不同效力级别的规范对同一行为均有规定时，应选择遵守更为严格的规范。见于教材163页。

227．（单选题）以下不符合客户利益优先职业道德规范要求的是（　　）。

A. 不从事与投资人利益相冲突的业务

B. 不得侵占或者挪用基金投资人的资金和基金份额

C. 在执业过程中遇到股东利益与投资人利益发生冲突时，应以股东利益优先

D. 不利用工作之便向任何机构和个人输送利益,损害基金持有人利益(2016年考试涉及)

【答案】C

【解析】客户利益优先要求基金从业人员必须全心全意地忠实于客户,依客户的利益行事,当发生利益冲突时,将客户的利益置于个人及所在机构的利益之上。具体而言,基金从业人员应当遵守下列规则:①不得从事与投资人利益相冲突的业务;②应当采取合理的措施避免与投资人发生利益冲突;③在执业过程中遇到自身利益或相关方利益与投资人利益发生冲突时,应以投资人利益优先,并应及时向所在机构报告;④不得侵占或者挪用基金投资人的交易资金和基金份额;⑤不得在不同基金资产之间、基金资产和其他受托资产之间进行利益输送;⑥不得在执业活动中为自己或他人牟取不正当利益;⑦不得利用工作之便向任何机构和个人输送利益,损害基金持有人利益。见于教材171页。

228.(单选题)关于廉洁公正的要求,以下行为正确的是( )。

A. 为满足机构大客户的需求,作出特殊的利益安排

B. 利用基金财产为所在机构获取利益

C. 拒绝接受利益相关方的回扣

D. 利用商业机会为大客户创造额外收益(2016年考试涉及)

【答案】C

【解析】忠诚廉洁要求基金从业人员不得接受利益相关方的贿赂或对其进行商业贿赂,如接受或赠送礼物、回扣、补偿或报酬等。见于教材173页。

229.(单选题)基金从业资格考试属于基金职业道德教育途径中的( )。

A. 岗位职业道德教育　　B. 政府监管机构监督

C. 岗前职业道德教育　　D. 社会各界监督(2016年考试涉及)

【答案】C

【解析】岗前教育,是指在基金从业人员就业上岗前,对其所进行的入职必备知识和职业道德的教育。岗前教育主要是通过基金从业资格考试和基金从业人员所在机构在其入职时上岗前对其进行教育等途径来督促完成的。见于教材177页。

230.(单选题)下列不属于基金职业道德教育需要完成的目标的是( )。

A. 使拟从业者了解基金职业道德规范的主要内容

B. 使拟从业者了解基金职业所面临的道德风险

C. 培养拟从业者的基金职业道德情感和观念

D. 使拟从业者了解基金职业法律规范的主要内容(2016年考试涉及)

【答案】D

【解析】基金职业道德教育需要完成三个方面目标:①使拟从业者了解基金职业道德规范的主要内容;②使拟从业者了解基金职业所面临的道德风险;③培

养拟从业者的基金职业道德情感和观念。见于教材177页。

231.（单选题）关于道德和法律的区别，以下表述错误的是（　　）。

A. 法律的实施主要依靠他律，而道德的实施主要依靠自律

B. 道德和法律的调整范围没有交叉关系

C. 法律是由国家制定或认可的一种行为规范，道德是社会认可和人们普遍接受的行为规范

D. 法律以权利义务为内容，要求权利义务对等；而道德一般只以义务为内容，并不要求对等（2015年考试涉及）

【答案】B

【解析】道德与法律的区别包括：①表现形式不同，法律是由国家制定或认可的一种行为规范，而道德是社会认可和人们普遍接受的行为规范。②内容结构不同，法律以权利义务为内容，要求权利义务对等；而道德一般只以义务为内容，并不要求有对等的权利。③调整范围不同。一般认为，道德调整的范围比法律调整的范围更为广泛，二者的调整范围是交叉关系；④调整手段不同，法律的实施主要依靠他律，而道德的实施主要依靠自律。见于教材157页。

232.（单选题）职业道德是与人们的（　　）紧密联系的，符合职业特点要求的道德规范的总和。

A. 职业行为　　　　B. 工作行为

C. 经济行为　　　　D. 文化行为（2015年考试涉及）

【答案】A

【解析】职业道德，也称职业道德规范，是一般社会道德在职业活动和职业关系中的特殊表现，是与人们的职业行为紧密联系的符合职业特点要求的道德规范的总和。见于教材158页。

233.（单选题）某公募基金管理公司基金经理甲的妻子进行证券投资，甲没有向所在公司事先申报，违反了（　　）职业道德要求。

A. 诚实守信　　　　B. 保守秘密

C. 客户至上　　　　D. 守法合规（2015年考试涉及）

【答案】D

【解析】根据《证券投资基金法》第十八条的规定，公开募集基金的基金管理人的董事、监事、高级管理人员以及其他从业人员，其本人、配偶、利害关系人进行证券投资，应当事先向基金管理人申报，并不得与基金份额持有人发生利益冲突。本例中，基金经理甲的妻子进行证券投资，甲未向所在公司事先申报，是违法行为。见于教材162页。

234.（单选题）某基金经理散布关于上市公司的不实利好消息，从而推高公司的股价，以使自己运作的基金获利。下列说法错误的是（　　）。

A. 该基金经理实施了不当影响证券价格的行为

B. 该行为属于基于信息的操纵市场行为

C. 该基金经理的行为目的是为了所管理的基金获益，不违反职业道德要求

D. 该行为有误导市场参与者的意图（2015年考试涉及）

【答案】C

【解析】该基金经理的行为属于基于信息的操纵市场。虽然基金经理的行为可能对其客户有利，但因为其有明显的误导市场参与者的意图，并实施了不当影响证券价格的行为，损害了资本市场的诚信。见于教材166页。

235.（单选题）关于基金职业道德规范中，对基金从业人员专业审慎的基本要求，以下错误的是（ ）。

A. 持续学习　　　　　　B. 持证上岗

C. 审慎开展执业活动　　D. 具有本科以上学历（2015年考试涉及）

【答案】D

【解析】专业审慎是调整基金从业人员与职业之间关系的道德规范。专业审慎对于基金从业人员的基本要求体现在以下三个方面：持证上岗、持续学习、审慎开展执业活动。见于教材169页。

本章模拟题及解析

236.（单选题）以下关于道德具有的特征说法不正确的是（ ）。

A. 形态性　　B. 差异性　　C. 继承性　　D. 约束性

【答案】A

【解析】道德具有的特征有：差异性、继承性、约束性、具体性。见于教材155页。

237.（单选题）下列关于道德的约束性，说法错误的是（ ）。

A. 道德是社会认可和人们普遍接受的具有一般约束力的行为规范

B. 道德的约束力是无限的

C. 道德对全体社会成员具有约束的作用

D. 道德依靠社会舆论、传统习俗和内心信念等力量来发挥其约束的作用

【答案】B

【解析】道德具有约束性，但是，道德并不像法律那样依靠国家强制力保证其实施，其约束力是有限的。道德依靠社会舆论、传统习俗以及内心信念等力量来发挥其约束的作用，因此，与之相应的社会道德评价标准、行为习惯、道德观念等就是道德得以实施的重要支撑力量。见于教材156页。

238.（单选题）下列关于道德与法律的关系，正确的是（ ）。

A. 在实践上功能互补　　　　B. 在最终目的上没有一致性

C. 在内容上没有交叉　　　　D. 在适用范围上完全一致

【答案】A

【解析】道德与法律的联系表现在：①目的一致，道德和法律都是行为规范，都是重要的社会调控手段；②内容交叉；③功能互补，道德在调整范围上对法律具有补充作用，法律在约束力上对道德具有补充作用；④相互促进，法律对传播道德具有促进作用，道德对法律的实施也具有促进作用。见于教材157页。

239.（单选题）职业道德开始萌芽于（　　）。

A. 原始社会末期　　　　　B. 农业社会

C. 工业社会　　　　　　　D. 后工业社会

【答案】A

【解析】在原始社会末期，由于生产和交换的发展，出现了农业、手工业、畜牧业等职业分工，职业道德开始萌芽。见于教材158页。

240.（单选题）下列关于职业道德的特征，说法错误的是（　　）。

A. 具有特殊性　　　　　　B. 具有规范性

C. 具有抽象性　　　　　　D. 具有继承性

【答案】C

【解析】职业是多种多样的，每种职业都有其特有的职业活动和职业关系，均承担着特定的职业义务和责任。虽然不同职业道德的内容有所不同，但其作为行为规范，具有具体性。见于教材160页。

241.（单选题）良好的职业道德风尚包括（　　）。

A. 为行业争光　　　　　　B. 对单位负责

C. 为客户服务　　　　　　D. 以上全部

【答案】D

【解析】加强职业道德建设，可帮助从业人员树立正确的世界观、人生观、价值观和道德观，全面提高从业人员的思想道德品质，逐渐形成"为客户服务，对单位负责，为行业争光"的职业道德风尚，进而提高行业服务质量，促进行业健康发展。见于教材161页。

242.（单选题）从业人员关于守法合规的正确观念和态度是（　　）。

A. 老老实实做人做事，不学法也能够做到守法

B. 法律知识庞杂繁缛，从业人员无法学习

C. 工作之后再签合同也没关系

D. 懂法才能依法办事，维护正当权益

【答案】D

【解析】守法合规的基本要求有：①熟悉法律法规等行为规范；②遵守法律法规等行为规范。见于教材162页。

243．（单选题）熟悉相关的法律法规等行为规范是守法合规的（　　）。

A．前提　　　B．基础　　　C．关键　　　D．保障

【答案】A

【解析】守法合规的前提是熟悉相关的法律法规等行为规范。见于教材162页。

244．（单选题）在实际工作中，履行诚信职业道德规范，必须（　　）。

A．正确对待利益问题　　　B．采用贬低同行方式招揽顾客

C．不择手段地竞争　　　D．利用内幕交易盈利

【答案】A

【解析】诚实守信要求基金从业人员不得欺诈客户，在证券投资活动中不能有内幕交易和操纵市场行为，对于同行不得进行不正当竞争。见于教材164页。

245．（单选题）下列不属于内幕信息构成要素的是（　　）。

A．来源可靠的信息　　　B．市场上可获得的信息

C．"非公开"的信息　　　D．"重要"的信息

【答案】B

【解析】内幕信息的构成要素有：来源可靠的信息、"重要"的信息、"非公开"的信息。见于教材166页。

246．（单选题）A基金销售机构的销售人员参与了B基金管理公司组织的"中秋联谊会议"，并接受了B基金管理公司馈赠的高档月饼等礼物。该员工的行为不符合职业道德规范的哪条内容（　　）。

A．诚实守信　　　B．专业审慎　　　C．保守秘密　　　D．忠诚尽责

【答案】A

【解析】A基金销售机构的销售人员违反了不得索取或接受基金管理人提供的法规允许之外的费用、实物或其他利益的规定。因为A基金销售机构的销售人员收取商业贿赂，可能会助长B基金管理公司及其从业人员的不正当竞争行为。违背了诚实守信道德规范的要求。见于教材167页。

247．（单选题）基金经理在与客户交谈时，提及竞争对手及其基金产品，多次提及对方的收益率低，服务不如自己的好。他的做法违反了（　　）原则。

A．不得进行内幕交易　　　B．不得操纵市场

C．不得欺诈客户　　　D．不得进行不正当竞争

【答案】D

【解析】合法竞争是正当竞争的基础。基金从业人员应尊重竞争对手，不诋毁、贬低或负面评价同业从业人员及其产品或服务。该经理的行为违反了不得进行不正当竞争这一原则。见于教材167页。

248．（单选题）下述各原则中是调整基金从业人员与职业之间关系的道德规范的是（　　）。

A．保守秘密　　　B．忠诚尽责　　　C．专业审慎　　　D．诚实守信

【答案】C

【解析】专业审慎是调整基金从业人员和职业之间关系的道德规范。见于教材168页。

249.（单选题）甲是今年刚毕业的大学生，在某基金公司实习，但还未取得基金从业资格证。某天同事乙有要事不能上班，甲便自告奋勇，替代乙到现场进行产品推介，甲的行为违反了（ ）要求。

A. 持续学习　　B. 持证上岗　　C. 保守秘密　　D. 审慎开展执业活动

【答案】B

【解析】甲的行为违反了持证上岗的要求，其可能会因专业不能胜任造成误导，损害投资人利益。见于教材169页。

250.（单选题）某基金经理在向客户甲推荐基金时，听别人讲甲的名下有多家公司，财务状况很好，于是向其推荐了某只风险较高的基金。这违背了基金职业道德准则中的（ ）。

A. 客户至上　　B. 忠诚尽责　　C. 专业审慎　　D. 诚实守信

【答案】C

【解析】该经理违背了专业审慎的职业道德准则。专业审慎原则要求从业人员审慎开展执业活动，在向客户推荐销售基金产品时，应充分了解客户投资需求、投资目标以及客户财务状况，坚持销售适用性原则，向客户推荐或者销售合适的基金。该经理的行为未能充分、真实了解客户状况。见于教材170页。

251.（单选题）以下不符合客户利益优先职业道德规范要求的是（ ）。

A. 不从事与投资人利益相冲突的业务

B. 不得侵占或者挪用基金投资人的资金和基金份额

C. 在执业过程中遇到股东利益与投资人利益发生冲突时，应以股东利益优先

D. 不利用工作之便向任何机构和个人输送利益，损害基金持有人利益

【答案】C

【解析】客户利益优先要求基金从业人员须全心全意地忠实于客户，依照客户的利益行事，当发生利益冲突时，应以客户利益优先。在执业过程中遇到自身利益或相关方利益与投资人利益发生冲突时，应以投资人利益优先，并应及时向所在机构报告。见于教材170页。

252.（单选题）从业人员在服务的过程中，不符合客户至上要求的是（ ）。

A. 对师长提供特别服务　　B. 不以财富多寡作为服务标准

C. 尊重残疾客户　　D. 客户利益优先

【答案】A

【解析】客户至上的基本含义包括：①客户利益优先；②公平对待客户。公平对待客户，是指基金从业人员应当尊重所有客户并公平对待所有客户，不能因

为基金份额多寡或者其他原因而厚此薄彼。见于教材 171 页。

253．（单选题）某基金管理公司员工在向公司提出离职申请后，即不再来公司上班了，对该行为表述错误的是（　）。

A．该员工的做法并未不妥，不牵涉到违反职业道德
B．该员工应当按照聘用合同约定的期限提前向公司提出申请
C．已提出辞职但尚未完成工作移交的从业人员，应认真履行各项义务，不得擅自离岗
D．该员工违反了忠诚尽责的职业道德要求

【答案】A

【解析】基金从业人员提出辞职时，应当按照聘用合同约定的期限提前向公司提出申请，并积极配合有关部门完成工作移交。已提出辞职但尚未完成工作移交的，从业人员应认真履行各项义务，不得擅自离岗；已完成工作移交的从业人员应当按照聘用合同的规定，认真履行保密、竞业禁止等义务。见于教材 173 页。

254．（单选题）甲是基金从业人员乙的老客户，某天他找到乙，提出能否降低基金管理费，否则他会转投其他基金经理，乙在这种情况下答应了他的要求。乙的行为违反了（　）要求。

A．勤勉敬业　　B．客户至上　　C．忠诚廉洁　　D．专业审慎

【答案】C

【解析】忠诚尽责原则要求基金从业人员忠诚廉洁，不得为了迎合客户的不合理要求而损害社会公共利益、所在机构或者他人的合法权益，不得私下接受客户委托买卖证券期货。见于教材 173 页。

255．（单选题）某基金从业人员甲离职应聘到另一家基金公司，未经公司许可，将公司客户清单一并带走，但并未向外部泄露相关信息，其行为违反了（　）原则。

A．保守秘密　　B．守法合规　　C．专业审慎　　D．忠诚尽责

【答案】D

【解析】甲的行为违反了忠诚尽责的原则。无论是在任职期间还是离职后，都不得泄露任何客户资料和交易信息。若甲泄露，则违反了保守秘密以及忠诚尽责原则，该处未泄露，则违反了忠诚尽责原则。见于教材 174 页。

256．（单选题）甲在担任 A 基金管理公司监察稽核部负责人时，应其在 B 基金管理公司筹备监察稽核部的同学乙的要求，将 A 基金的控制制度、工作流程等发送给乙参考。在上述案例中，甲的行为违反了基金职业道德规范中（　）的要求。

A．保守秘密　　B．守法合规　　C．忠诚尽责　　D．诚信守信

【答案】A

【解析】保守秘密，是指基金从业人员不得泄露或者披露客户和所属机构或者相关基金机构向其传达的信息，除非该信息涉及客户或潜在客户的违法活动，或属于法律要求披露的信息，或者客户或潜在客户允许披露此信息。由此可见，甲的行为违反了保守秘密的要求。见于教材174页。

257.（单选题）下列关于保守秘密的说法，不正确的是（　　）。

A．商业秘密是指不为公众所知悉的、能够带来经济利益、具有实用性并被采取保密措施的技术信息和经营信息

B．保护客户隐私不仅是法律的要求，也是职业道德的要求

C．具有投资需求客户的名单，虽然重要，但是却不是商业秘密

D．内幕信息是指会对证券价格产生影响的重要的非公开的信息

【答案】C

【解析】具有投资需求客户的名单，本身也是一种商业资源，一般也属于机构的商业秘密。见于教材174页。

258.（单选题）基金经理在公司高层会议上获知某项重要信息，在私下场合其将此信息与同事进行了交流。此行为违反了（　　）原则。

A．忠诚尽责　　B．守法合规　　C．保守秘密　　D．专业审慎

【答案】C

【解析】基金职业道德的保守秘密原则要求，不得泄露在执业活动中所获知的内幕信息。见于教材175页。

259.（单选题）基金职业道德教育的主要内容包括（　　）。

A．加强基金职业道德教育　　B．灌输基金职业道德规范

C．落实基金职业道德教育　　D．领会基金职业道德规范

【答案】B

【解析】基金职业道德教育的内容主要包括以下两个方面：培养基金职业道德观念和灌输基金职业道德规范。见于教材177页。

260.（单选题）（　　）是基金职业道德规范教育的基础和保障。

A．投资者信任　　B．职业道德素养

C．基金监管法规　　D．基金职业道德观念教育

【答案】D

【解析】基金职业道德观念教育是基金职业道德规范教育的基础和保障，只有首先树立了基金职业道德观念，才能使得基金从业人员在职业活动中，潜移默化地提升职业道德素养，进而将职业道德规范变成自发自觉的职业行为。见于教材177页。

261.（单选题）下列各项中（　　）不是基金职业道德教育的途径。

A．从业人员自我规范　　B．岗前职业道德教育

C．社会各界持续监督　　D．岗位职业道德教育

【答案】A

【解析】基金职业道德教育的途径包括岗前职业道德教育、岗位职业道德教育、基金业协会的自律、树立基金职业道德典型以及社会各界持续监督。见于教材 177 页。

262.（单选题）社会各界的监督，是对基金职业道德教育成果的（　　）环节。

A．监督　　　B．检验　　　C．实施　　　D．管理

【答案】B

【解析】社会各界的监督，不仅是对基金职业道德教育成果的检验环节，监督本身也是教育的有效组成部分。见于教材 179 页。

263.（单选题）任何一个从业人员职业道德素质的提高都要依赖于（　　）。

A．他律　　　　　　　B．他律和自我修养

C．自我修养　　　　　D．天生的品性

【答案】B

【解析】任何一个从业人员职业道德素质的提高，一方面靠他律，即社会的培养和组织的教育；另一方面靠自己的主观努力，即自我修养。两个方面缺一不可，而且后者更加重要。见于教材 179 页。

264.（单选题）下列不属于提高基金职业道德修养方法的是（　　）。

A．正确树立基金职业道德观念

B．深刻领会基金职业道德规范

C．积极参加基金职业道德实践

D．树立正确的人生观、价值观

【答案】D

【解析】提高基金职业道德修养的方法除了 A、B、C 三项外，在实践中，还应当虚心向先进人物学习，向遵守基金职业道德的榜样学习。见于教材 179 页。

本章热题库

第六章
基金的募集、交易与登记

本章知识结构图

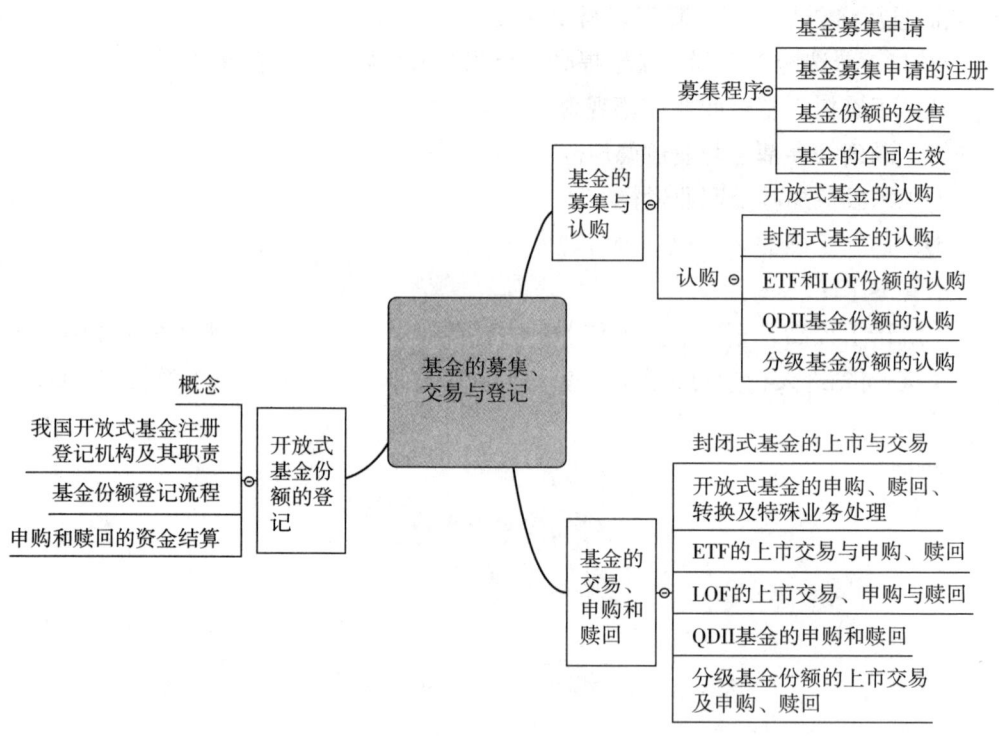

第六章 基金的募集、交易与登记

本章重点知识点

掌握 ★★★★★	理解 ★★★☆☆	了解 ★☆☆☆☆
基金募集的概念与程序； 基金合同生效的条件； 基金认购的概念； 开放式基金申购与赎回的概念； 开放式基金申购与赎回的费用结构； 登记机构职责和基金份额登记流程	开放式基金转换和非交易过户、份额和金额计算等； 不同产品的交易方式与流程（ETF、LOF、封闭式、QDII及市场创新产品的特殊方式）； 基金份额登记的概念	基金产品注册制度改革； 各类基金（开放式、LOF、ETF、QFII、封闭式）的认购方式和程序； 现行登记模式

本章历年真题及解析

265.（单选题）以下哪项不属于ETF申购、赎回清单所应包含的内容？（ ）

A．最小赎回单位

B．最小赎回单位对应的各组合证券名称、证券代码及数量、现金替代

C．最小申购单位

D．基金份额参考净值（IOPV）（2017年考试涉及）

【答案】D

【解析】T日申购清单和赎回清单的公告内容包括最小申购、赎回单位所对应的组合证券内各成分证券数据、现金替代、T日预估现金部分、T-1日现金差额、基金份额净值及其他相关内容。见于教材26页。

266.（单选题）基金管理人应当在收到中国证监会确认文件的（ ）发布基金合同生效公告。

A．当日 B．次日

C．第3日 D．第5日（2016年考试涉及）

【答案】B

【解析】中国证监会自收到基金管理人验资报告和基金备案材料之日起3个工作日内予以书面确认；自中国证监会书面确认之日起，基金备案手续办理完毕，基金合同生效。基金管理人应当在收到中国证监会确认文件的次日予以公告。见于教材7页。

267.（单选题）下列各类基金在基金募集注册时，不适用简易程序的有（ ）。

A．发起式基金 B．跨境ETF

C．分级基金 D．混合基金（2016年考试涉及）

【答案】C

【解析】适用于简易程序的产品包括常规股票基金、混合基金、债券基金、指数基金、货币基金、发起式基金、合格境内机构投资者（QDII）基金、理财基金和交易型指数基金（含单市场、跨市场/跨境 ETF）及其联接基金。分级基金、基金中基金（FOF）及中国证监会认定的其他特殊产品暂不实行简易程序。见于教材 7 页。

268.（单选题）场外募集的 LOF 基金份额注册登记在（　　）。

A．基金托管人的注册登记系统

B．中国证券登记结算公司的开放式基金注册登记系统

C．基金管理人的注册登记系统

D．中央国债登记结算公司的注册登记系统（2016 年考试涉及）

【答案】B

【解析】LOF 份额的认购分场外认购和场内认购两种。场外认购的基金份额注册登记在中国证券登记结算有限责任公司的开放式基金注册登记系统。场内认购的基金份额注册登记在中国证券登记结算有限责任公司的证券登记结算系统。见于教材 12 页。

269.（单选题）股票基金、债券基金申购和赎回通常应遵循（　　）原则。

A．金额申购、金额赎回　　　B．金额申购、份额赎回

C．份额申购、金额赎回　　　D．份额申购、份额赎回（2016 年考试涉及）

【答案】B

【解析】股票基金、债券基金申购和赎回应遵循的原则为：①未知价交易原则；②金额申购、份额赎回原则。见于教材 17 页。

270.（单选题）关于基金申购费，以下表述错误的是（　　）。

A．申购费和认购费一样，可以采用前端收费方式，也可以采用后端收费方式

B．后端收费方式是指在赎回时从赎回金额中扣除的收费方式

C．货币市场基金申购费较高

D．基金销售机构可以对基金销售费用实行一定的优惠（2016 年考试涉及）

【答案】C

【解析】C 项，货币市场基金手续费较低，通常申购和赎回费率为 0。见于教材 21 页。

271.（单选题）以下有关巨额赎回的处理措施，不符合有关规定的是（　　）。

A．部分延期赎回

B．延期至下一开放日的赎回申请享有赎回优先权

C．出现部分延期赎回时，基金管理人应在指定媒体公告

D．接受全额赎回（2016 年考试涉及）

【答案】B

【解析】出现巨额赎回时，基金管理人可以根据基金当时的资产组合状况决定接受全额赎回或部分延期赎回。对于部分延期赎回，转入下一开放日的赎回申请不享有赎回优先权，并将以下一个开放日的基金份额净值为基准计算赎回金额。见于教材22页。

272.（单选题）关于开放式基金份额的转换，以下表述错误的是（　　）。

A. 投资者可以将其持有的基金份额转换为另一基金管理人的另一基金份额

B. 基金份额转换不需要先赎回已持有的基金份额

C. 基金份额转换的效率通常高于先赎回再申购基金份额

D. 基金份额转换费用由基金份额持有人承担（2016年考试涉及）

【答案】A

【解析】开放式基金份额的转换是指投资者不需要先赎回已持有的基金份额，就可以将其持有的基金份额转换为同一基金管理人管理的另一基金份额的一种业务模式。见于教材23页。

273.（单选题）下列关于ETF份额折算与变更登记的表述，正确的是（　　）。

A. 基金托管人办理ETF基金份额折算

B. 基金管理人办理变更登记

C. 折算后持有人的基金份额占基金份额总额的比例发生改变

D. 持有人按折算后的基金份额享有权利并承担义务（2016年考试涉及）

【答案】D

【解析】A项，ETF基金份额折算由基金管理人办理；B项，由登记结算机构进行基金份额的变更登记；C项，基金份额折算后，基金份额总额和基金份额持有人持有的基金份额将发生调整，但调整后的基金份额持有人持有的基金份额占基金份额总额的比例不发生改变。见于教材24页。

274.（单选题）由（　　）向深圳证券交易所提交LOF上市交易申请。

A. 基金管理人　　　　B. 基金销售机构

C. 基金注册登记人　　D. 基金持有人（2016年考试涉及）

【答案】A

【解析】LOF完成登记托管手续后，由基金管理人向深圳证券交易所提交上市申请，申请在交易所挂牌上市。基金上市首日的开盘参考价是上市首日前一交易日的基金份额净值。见于教材30页。

275.（单选题）基金注册登记机构的主要职责包括（　　）。

A. 披露信息　　　　　B. 发放红利

C. 资金结算　　　　　D. 交割（2016年考试涉及）

【答案】B

【解析】基金注册登记机构的主要职责有：①建立并管理投资者基金份额账

户；②负责基金份额登记，确认基金交易；③发放红利；④建立并保管基金投资者名册；⑤基金合同或者登记代理协议规定的其他职责。见于教材 34 页。

276.（单选题）基金的募集一般要经过（ ）四个步骤。

A．申请、注册、发售、基金验资

B．申请、审批、发售、基金合同生效

C．申请、注册、发售、基金合同生效

D．申请、审批、注册、基金验资（2015 年考试涉及）

【答案】C

【解析】基金的募集是指基金管理公司根据有关规定向中国证监会提交募集申请文件、发售基金份额、募集基金的行为。基金的募集通常要经过申请、注册、发售、基金合同生效等四个步骤。见于教材 5 页。

277.（单选题）我国分级基金的募集包括（ ）两种方式。

A．场内募集、场外募集　　　B．直销募集、分销募集

C．现金募集、非现金募集　　D．合并募集、分开募集（2015 年考试涉及）

【答案】D

【解析】我国分级基金的募集包括两种方式：合并募集和分开募集。见于教材 13 页。

278.（单选题）以下关于封闭式基金的陈述，错误的是（ ）。

A．价格与净值同比例下降时，折价率也下降

B．折价率反映了基金份额净值与二级市场价格之间的关系

C．市场价格低于份额净值时，为折价交易

D．市场价格高于份额净值时，为溢价交易（2015 年考试涉及）

【答案】A

【解析】折（溢）价率反映封闭式基金份额净值与其二级市场价格之间的关系。折（溢）价率的计算公式是：折（溢）价率＝（二级市场价格－基金份额净值）/基金份额净值×100%＝（二级市场价格/基金份额净值－1）×100%，从公式中可知价格与净值同比例下降时，折价率不变。见于教材 16 页。

279.（单选题）开放式基金注册登记业务主要内容是对基金份额持有人的（ ）进行确认登记。

A．持有基金份额及其变动情况　B．持有基金金额

C．申购基金行为　　　　　　　D．申购基金金额（2015 年考试涉及）

【答案】A

【解析】开放式基金份额的登记，是指基金注册登记机构通过设立和维护基金份额持有人名册，确认基金份额持有人持有基金份额的事实的行为。基金份额登记具有确定和变更基金份额持有人及其权利的法律效力，是保障基金份额持有人合法权益的重要环节。见于教材 34 页。

280.（单选题）投资者的申购赎回信息由销售机构总额汇总后，传送给（　　）。

A．基金托管人　　　　　B．注册登记机构
C．证券交易所　　　　　D．中央结算公司（2015年考试涉及）

【答案】B

【解析】T日，投资者的申购和赎回申请信息通过代销机构网点传送到代销机构总部，由代销机构总部将本代销机构的申购和赎回申请信息汇总后统一传送至注册登记机构。见于教材34页。

本章模拟题及解析

281．（单选题）对于一般的基金产品，申请募集基金应提交的主要文件不包括（　　）。

A．招募说明书草案　　　B．基金托管协议草案
C．投资者适当性安排　　D．基金合同草案

【答案】C

【解析】申请募集基金应提交的主要文件包括：①基金募集申请报告；②基金合同草案；③基金托管协议草案；④招募说明书草案；⑤律师事务所出具的法律意见书；⑥中国证监会规定提交的其他文件等。其中，基金合同草案、基金托管协议草案、招募说明书草案等文件是基金管理人向中国证监会提交设立基金的申请注册文本，还未正式生效，因此被称为草案。见于教材6页。

282．（单选题）我国基金管理人进行基金的募集，必须向（　　）提交相关文件。

A．中国银监会　　　　　B．中国证监会
C．中国保监会　　　　　D．中国人民银行

【答案】B

【解析】我国基金管理人进行基金的募集，必须依据《证券投资基金法》的有关规定，向中国证监会提交相关文件。见于教材6页。

283．（单选题）基金管理人应当自收到核准文件之日起（　　）个月内进行基金份额的发售。

A．1　　　　B．3　　　　C．6　　　　D．9

【答案】C

【解析】基金管理人应当自收到核准文件之日起6个月内进行基金份额的发售。基金的募集期限自基金份额发售之日起计算，募集期限一般不得超过3个月。见于教材7页。

284.（单选题）下列各项中是封闭式基金的合同生效条件的是（ ）。

A. 募集的规模达到核准规模的 70% 以上

B. 基金份额持有人的人数达到 200 人以上

C. 募集金额不少于 2 亿元

D. 募集份额总额不少于 2 亿份

【答案】B

【解析】基金募集期限届满，封闭式基金需满足募集的基金份额总额达到核准规模的 80% 以上，并且基金份额持有人人数达到 200 人以上。见于教材 7 页。

285.（单选题）以下各类基金中（ ）不适用于简易程序注册。

A. 分级基金　　B. 债券基金　　C. 股票基金　　D. 货币基金

【答案】A

【解析】分级基金及中国证监会认定的其他特殊产品暂不实行简易程序注册。见于教材 7 页。

286.（单选题）目前，我国债券基金的认购费率一般在（ ）以下。

A. 0.5%　　B. 1%　　C. 1.5%　　D. 2%

【答案】B

【解析】目前，我国股票型基金的认购费率一般按照认购金额设置不同的费率标准，最高一般不超过 1.5%，债券型基金的认购费率通常在 1% 以下，货币型基金一般认购费为 0。见于教材 9 页。

287.（单选题）某投资人认购 1000000 元的基金份额，基金份额面值为 1.00 元/份，认购费率为 1%，认购期间产生的利息为 3 元，则其认购份额为（ ）份。

A. 990102　　B. 990099　　C. 1000003　　D. 990399

【答案】A

【解析】净认购金额 = 认购金额 /（1+ 认购费率）=1000000/(1+1%)=990099（元），认购份额 =（净认购金额 + 认购利息）/ 基金份额面值 =（990099+3）/1=990102（份）。见于教材 10 页。

288.（单选题）根据中国证监会的有关规定，基金认购费将以（ ）为基础收取。

A. 认购份额　　　　　　B. 净认购金额

C. 认购金额　　　　　　D. 净认购份额

【答案】B

【解析】中国证监会于 2007 年 3 月对认购费用及认购份额计算方法进行了统一规定。按照规定，基金认购费用将统一按净认购金额为基础收取。见于教材 10 页。

289.（单选题）下列关于封闭式基金认购的说法，错误的是（ ）。

A. 在发售方式上，主要有网上发售与网下发售两种方式

B. 拟认购封闭式基金份额的投资人必须开立沪、深证券账户或沪、深基金账户及资金账户

C. 以"金额"为单位提交认购申请

D. 认购申请已经受理就不能撤单

【答案】C

【解析】C项，封闭式基金以"份额"为单位提交认购申请。见于教材11页。

290.（单选题）QDII 基金份额的认购程序不包括（　）。

A. 开户　　　B. 申请　　　C. 认购　　　D. 确认

【答案】B

【解析】QDII 基金份额的认购程序主要包括开户、认购、确认三个步骤。见于教材13页。

291.（单选题）关于封闭式基金的上市交易条件的表述，不正确的是（　）。

A. 基金合同期限为5年以上

B. 基金募集金额不低于2亿元人民币

C. 封闭式基金份额总额达到核准规模的80%以上

D. 基金份额持有人不少于1000人

【答案】C

【解析】封闭式基金的基金份额上市交易应符合以下条件：①基金的募集符合《证券投资基金法》的规定；②基金合同期限为5年以上；③基金募集金额不低于2亿元人民币；④基金份额持有人不少于1000人；⑤基金份额上市交易规则规定的其他条件。见于教材15页。

292.（单选题）我国基金交易的佣金不得高于成交金额的（　），起点为（　）元。

A. 0.1%；3　　B. 0.3%；3　　C. 0.3%；5　　D. 0.1%；5

【答案】C

【解析】按照沪、深证券交易所公布的收费标准，我国基金交易佣金不能高于成交金额的0.3%，起点5元，不足5元的按5元收取，由证券公司向投资者收取。见于教材16页。

293.（单选题）封闭式基金交易折（溢）价率的计算公式为（　）。

A. 折（溢）价率 =（二级市场价格 – 基金份额净值）/ 基金份额净值 ×100%

B. 折（溢）价率 =（二级市场价格 – 基金份额净值）/ 二级市场价格 ×100%

C. 折（溢）价率 =（二级市场价格 – 基金份额总值）/ 基金份额总值 ×100%

D. 折（溢）价率 =（二级市场价格 – 基金份额总值）/ 二级市场价格 ×100%

【答案】A

【解析】折（溢）价率的计算公式为：折（溢）价率 =（二级市场价格 – 基金份额净值）/ 基金份额净值 ×100% = 二级市场价格 /（基金份额净值 –1）×100%。

见于教材 16 页。

294.（单选题）有关开放式基金申购、赎回的原则，正确的说法是（　）。

A．基金实行"金额申购、份额赎回"原则

B．基金实行"份额申购、金额赎回"原则

C．基金实行"份额申购、份额赎回"原则

D．基金实行"金额申购、金额赎回"原则

【答案】A

【解析】开放式基金的申购和赎回原则包括：①股票基金、债券基金的申购和赎回原则，具体分为未知价交易原则和金额申购、份额赎回原则；②货币市场基金的申购和赎回原则，具体分为确定价原则和金额申购、份额赎回原则。见于教材 17 页。

295.（单选题）关于开放式基金申购费、认购费和赎回费的论述错误的是（　）。

A．认购费可以前端收取，也可以后端收取

B．申购费可以前端收取，也要以后端收取

C．可以根据投资者的持有期限长短分段设置赎回费率

D．如果采用后端收费的方式，则可以根据投资者的持有期限长短分段设置认购费率或申购费率

【答案】C

【解析】场外赎回可按份额在场外的持有时间分段设置赎回费率；场内赎回为固定赎回费率，不可按份额持有时间分段设置赎回费率。见于教材 18 页。

296.（单选题）基金管理人自受理基金份额持有人有效赎回申请之日起，可以将赎回款项划出的时间不包括第（　）个工作日。

A．2　　　　B．7　　　　C．3　　　　D．9

【答案】D

【解析】投资者提交赎回申请成交后，基金管理人应通过销售机构按照规定向投资者支付赎回款项。对一般基金而言，基金管理人应自受理基金投资者有效赎回申请之日起 7 个工作日内支付赎回款项。见于教材 21 页。

297.（单选题）开放式基金出现巨额赎回时，基金管理人不应采取的措施是（　）。

A．立即暂停赎回

B．部分延期赎回

C．接受全额赎回

D．连续 2 个开放日以上发生巨额赎回，延期支付赎回金额

【答案】A

【解析】出现巨额赎回时，基金管理人可根据基金当时的资产组合状况决定接受全额赎回或部分延期赎回。基金连续 2 个开放日以上发生巨额赎回，如果基

金管理人认为有必要,可暂停接受赎回申请;已经接受的赎回申请可延缓支付赎回款项,但不得超过正常支付时间 20 个工作日,并应当在至少一种中国证监会指定的信息披露媒体上公告。见于教材 22 页。

298.(单选题)某投资人投资 1 万元申购某开放式基金,申购费率为 1.5%,假定申购当日基金份额净值为 1.05 元,则其可得到的申购份额为( )份。

A. 9280.95　　B. 9383.07　　C. 9350.95　　D. 9480.95

【答案】B

【解析】基金的净申购金额 = 申购金额 /(1+ 申购费率)=10000/(1+1.5%)= 9852.22(元);申购份额 = 净申购金额 / 申购当日基金份额净值 =9852.22/1.05=9383.07(份)。见于教材 22 页。

299.(单选题)ETF 在二级市场交易时申报价格最小变动单位为( )。

A. 0.0001 元　　B. 0.1 元　　C. 0.001 元　　D. 0.01 元

【答案】C

【解析】ETF 基金合同生效后,基金管理人可以向证券交易所申请上市。ETF 上市后二级市场的交易与封闭式基金类似,要遵循下列交易规则:①基金上市首日的开盘参考价为前一工作日的基金份额净值;②基金实行价格涨跌幅限制,涨跌幅比例为 10%,自上市首日起实行;③基金买入申报数量为 100 份或其整数倍,不足 100 份的部分可以卖出;④基金申报价格最小变动单位为 0.001 元。见于教材 25 页。

300.(单选题)ETF 申购赎回中的现金替代不包括以下哪种类型?( )

A. 必须现金替代　　　　B. 现金替代保证

C. 可以现金替代　　　　D. 禁止现金替代

【答案】B

【解析】现金替代是指申购与赎回过程中,投资者按基金合同和招募说明书的规定,用于替代组合证券中部分证券的一定数量的现金。现金替代分为三种类型:禁止现金替代、可以现金替代和必须现金替代。见于教材 27 页。

301.(单选题)ETF 基金 T 日现金差额相关内容应在( )的申购、赎回清单中公告。

A. T-1 日　　B. T+1 日　　C. T+2 日　　D. T 日

【答案】B

【解析】ETF 基金 T 日现金差额在 T+1 日的申购清单和赎回清单中公告。T 日投资者申购和赎回基金份额时,应按 T+1 日公告的 T 日现金差额进行资金的清算交收。见于教材 28 页。

302.(单选题)LOF 场内申购申报单位为( )元人民币,赎回申报单位为( )份基金份额。

A. 1;1　　B. 1;3　　C. 2;5　　D. 整;整

【答案】A

【解析】LOF 采取"金额申购、份额赎回"原则,即申购以金额申报,赎回以份额申报。场内申购申报单位为 1 元人民币,赎回申报单位为 1 基金份额。见于教材 30 页。

303.(单选题)目前,LOF 基金份额的跨系统转托管需要( )个交易日的时间。

A. 1　　　　B. 2　　　　C. 3　　　　D. 5

【答案】B

【解析】LOF 份额的转托管业务包括两种类型:系统内转托管和跨系统转托管。投资者将 LOF 份额从证券登记系统转入基金登记系统,自 T+2 日开始,投资者可以在转入方代销机构或基金管理人处申报赎回基金份额。见于教材 31 页。

304.(单选题)下列关于 LOF 与 ETF 申购和赎回的区别,表述错误的是( )。

A. ETF 对基金份额规模没有要求,LOF 有特别的要求
B. ETF 进行基金份额与一篮子股票的交换,LOF 是基金份额与现金的对价
C. ETF 在交易所进行,LOF 可以在代销网点进行
D. ETF 采用完全被动式管理方法,LOF 可以是指数型基金,也可以是主动管理型基金

【答案】A

【解析】只有资金在一定规模以上的投资者(基金份额通常要求在 50 万份以上)方可参与 ETF 的申购和赎回交易,而 LOF 在申购和赎回上没有特别要求。见于教材 31 页。

305.(单选题)下列关于 QDII 基金的申购和赎回的表述,错误的是( )。

A. 币种为人民币,基金管理人可以接受其他币种的申购和赎回
B. 通过基金管理人的直销中心及代销机构的网站进行
C. 基金管理公司在 T+1 日内对申请的有效性进行确认
D. 申购和赎回开放日为证券交易所的交易日

【答案】C

【解析】一般情况下,基金管理公司会在 T+2 日内对该申请的有效性进行确认。见于教材 32 页。

306.(单选题)下列关于 QDII 基金的申购和赎回描述错误的是( )。

A. QDII 基金的申购和赎回渠道与一般开放式基金基本相同
B. 发生巨额赎回时,款项的支付按基金合同有关规定处理
C. QDII 基金的申购和赎回币种只能为人民币
D. 一般情况下,基金管理公司会在 T+2 日对申购和赎回申请进行确认

【答案】C

【解析】QDII基金的申购和赎回币种为人民币，但基金管理人可以在不违反法律法规的情况下，接受其他币种的申购和赎回，并提前公告。见于教材32页。

307．（单选题）下列关于分级基金份额的上市交易、申购和赎回的表述，错误的是（ ）。

　　A．仅以子代码上市交易，母基金既不上市也不申购、赎回

　　B．登记在证券登记结算系统中的基金份额只能申请赎回

　　C．分级基金较普通基金复杂，风险更大

　　D．自2012年起，合并募集的分级基金，单笔认购/申购金额不得低于5万元

【答案】B

【解析】由于分级基金份额是分系统登记的，登记在基金注册登记系统的基金份额只能申请赎回，不能直接在证券交易所卖出，登记在证券登记结算系统中的基金份额可以在证券交易所卖出。见于教材33页。

308．（单选题）合并募集的分级基金，单笔认购/申购金额不得低于（ ）万元。

　　A．5　　　　　B．10　　　　　C．20　　　　　D．50

【答案】A

【解析】合并募集的分级基金，单笔认购/申购金额不得低于5万元；分开募集的分级基金，B类份额单笔认购/申购金额不得低于5万元。见于教材33页。

309．（单选题）开放式基金注册登记机构通过设立和维护（ ），确认基金份额持有人持有基金份额。

　　A．基金份额持有人资金账户　　B．基金销售机构的销售账户

　　C．基金份额持有人名册　　　　D．基金管理人的交易账户

【答案】C

【解析】开放式基金份额的登记，是指基金注册登记机构通过设立和维护基金份额持有人名册，确认基金份额持有人持有基金份额的事实的行为。基金份额登记具有确定与变更基金份额持有人及其权利的法律效力，是保障基金份额持有人合法权益的重要环节。见于教材34页。

310．（单选题）开放式基金注册登记体系的模式不包括（ ）。

　　A．委托中国结算公司作为登记机构的"外置"模式

　　B．基金管理人自建登记系统的"内置"模式

　　C．委托证券交易所作为登记机构的"外置"模式

　　D．"混合"模式

【答案】C

【解析】我国开放式基金注册登记体系的模式有：①基金管理人自建注册登记系统的"内置"模式；②委托中国证券登记结算有限责任公司作为注册登记机

构的"外置"模式;③以上两种情况兼有的"混合"模式。见于教材 34 页。

311.(单选题)下列选项中承担开放式基金份额注册登记工作的机构是( )。

A. 基金代销机构 B. 基金托管公司
C. 基金管理公司 D. 以上均可

【答案】C

【解析】《证券投资基金法》规定,开放式基金的注册登记业务可由基金管理人办理,也可委托中国证监会认定的其他机构办理。见于教材 34 页。

312.(单选题)基金注册登记机构的主要职责不包括( )。

A. 建立并管理投资者基金份额账户
B. 负责基金的管理运作
C. 发放红利
D. 建立并保管基金投资者名册

【答案】B

【解析】基金注册登记机构的主要职责包括:①建立并管理投资者基金份额账户;②负责基金份额登记,确认基金交易;③发放红利;④建立并保管基金投资者名册;⑤基金合同或者登记代理协议规定的其他职责。见于教材 34 页。

313.(单选题)投资者的申购(认购)、赎回申请信息由( )汇总后传至基金的注册登记机构。

A. 投资者 B. 销售机构 C. 管理人 D. 托管人

【答案】B

【解析】投资者的申购、赎回申请信息通过代销机构网点传送到代销机构总部,由代销机构总部将本代销机构的申购、赎回申请信息汇总后统一传送至注册登记机构。见于教材 34 页。

314.(单选题)下列关于一般基金份额登记流程的描述错误的是( )。

A. 投资者的申购和赎回信息于 T 日通过代销机构网点传送至代销机构总部,并由总部汇总后统一传送至注册登记机构
B. 注册登记机构于 T+1 日对 T 日的申购和赎回进行确认,并将确认结果登记至投资者账户
C. 注册登记机构于 T+1 日将确认结果下发至各代销机构,各代销机构再下发至各所属网点,至此,注册登记机构完成基金份额登记
D. 注册登记机构依据 T 日申购和赎回申请数据及 T 日的基金份额净值对申购和赎回进行确认

【答案】C

【解析】注册登记机构不仅要将结果下发至各代销机构,还需要将结果发送至基金托管人。见于教材 34 页。

315.（单选题）QDII 基金的份额登记时间是（　　）。

A．T 日　　　B．T+1 日　　　C．T+2 日　　　D．T-1 日

【答案】C

【解析】不同基金品种，份额登记时间也不同，QDII 基金则通常是 T+2 日登记。见于教材 35 页。

316.（单选题）为保护基金投资人的利益，有关法规明确确定，基金管理人应当自收到投资者的申请（认购），赎回申请之日起（　　）个工作日内，对该申购（认购）、赎回申请的有效性进行确认。

A．1　　　　B．2　　　　C．3　　　　D．4

【答案】C

【解析】由于基金申购和赎回的资金清算根据注册登记机构的确认数据进行，为保护基金投资人的利益，有关法规明确规定，基金管理人应当自收到投资者的申购（认购）、赎回申请之日起 3 个工作日内，对该申购（认购）、赎回申请的有效性进行确认。见于教材 35 页。

第七章 基金的信息披露

本章热题库

本章知识结构图

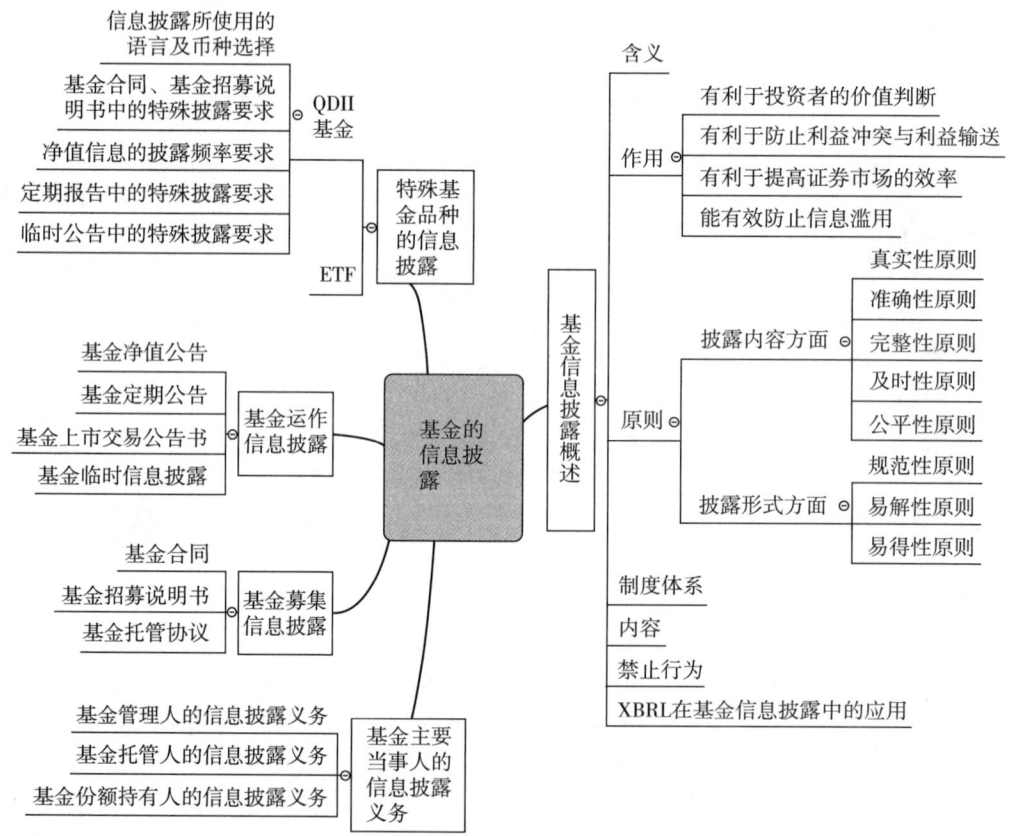

第七章　基金的信息披露

💡 **本章重点知识点**

掌握 ★★★★★	理解 ★★★☆☆	了解 ★☆☆☆☆
基金信息披露的作用、原则和内容； 基金信息披露的禁止性行为； 基金净值公告的种类及披露时效性要求	基金管理人信息披露的主要内容； 基金托管人信息披露的主要内容； 基金合同、托管协议等法律文件应包含的重要内容； 招募说明书的重要内容； 货币市场基金信息披露的特殊规定； 基金定期公告的相关规定； 基金上市交易公告书和临时信息披露的相关规定； QDII 信息披露的特殊规定及要求； ETF 信息披露的特殊规定及要求	我国基金信息披露体系及 XBRL 的应用

🔍 **本章历年真题及解析**

317.（单选题）关于某基金公司信息披露工作，以下做法错误的是（　　）。

A．业务部门负责相关信息披露文件的起草，信息披露岗进行复核

B．信息披露岗对业务部门提交的披露事项认为与事实不符，拒绝披露

C．公司设立专门的信息披露岗，全面负责公司信息披露工作

D．业务部门人员在信息披露内容公告前事先告知机构客户相关信息（2017年考试涉及）

【答案】D

【解析】D 项，公平性原则要求将信息向市场上所有的投资者平等公开地披露，而不是仅向个别机构或投资者披露。见于教材 114 页。

318.（单选题）以下需要基金托管人出具托管人报告的是（　　）。

Ⅰ．基金季度报告；Ⅱ．基金临时报告；Ⅲ．基金半年度报告；Ⅳ．基金年度报告

A．Ⅲ、Ⅳ　　　　　　　　　　B．Ⅳ

C．Ⅰ、Ⅲ、Ⅳ　　　　　　　　D．Ⅰ、Ⅱ、Ⅲ、Ⅳ（2017年考试涉及）

【答案】A

【解析】基金托管人的信息披露义务包括在基金半年度报告及年度报告中出具托管人报告，对报告期内托管人是否尽职尽责履行义务以及管理人是否遵规守约等情况做出声明。见于教材 119 页。

319．（单选题）（　　）要求用精确的语言披露信息，不使人误解，不得使用模棱两可的语言。

A．真实性原则　　　　　　B．准确性原则

C．完整性原则　　　　　　D．规范性原则（2016年考试涉及）

【答案】B

【解析】基金信息披露的原则有：真实性原则、准确性原则、完整性原则、及时性原则和公平性原则。其中，准确性原则要求用精确的语言披露信息，在内容及表达方式上不使人误解，不得使用模棱两可的语言。见于教材113页。

320．（单选题）基金托管人的基金托管部门主要业务人员在1年内变动超过（　　）时，托管人应当在变化发生之日起2日内编制并披露临时报告书，并报中国证监会及其派出机构备案。

A．30%　　　B．50%　　　C．15%　　　D．5%（2016年考试涉及）

【答案】A

【解析】当基金发生涉及托管人及托管业务的重大事件时，例如，基金托管人的专门基金托管部门的负责人变动，该部门的主要业务人员在1年内变动超过30%，托管人召集基金份额持有人大会，托管人的法定名称或住所发生变更，发生涉及托管业务的诉讼，托管人受到监管部门的调查或托管人及其托管部门的负责人受到严重行政处罚，等等，托管人应当在事件发生之日起2日内编制并披露临时公告书，并报中国证监会及地方监管局备案。见于教材119页。

321．（单选题）基金合同是约定（　　）权利义务关系的重要法律文件。

A．基金管理人和基金托管人

B．基金管理人和基金份额持有人

C．基金管理人、基金托管人和基金份额持有人

D．基金托管人和基金份额持有人（2016年考试涉及）

【答案】C

【解析】基金合同是约定基金管理人、基金托管人和基金份额持有人权利义务关系的重要法律文件。投资者缴纳基金份额认购款项时，即表明其对基金合同的承认和接受，此时基金合同成立。见于教材120页。

322．（单选题）基金募集期间的三大信息披露文件不包括（　　）。

A．基金合同　　　　　　　B．基金招募说明书

C．基金份额上市交易公告书　D．基金托管协议（2016年考试涉及）

【答案】C

【解析】基金合同、基金招募说明书及基金托管协议是基金募集期间的三大信息披露文件。见于教材120页。

323．（单选题）基金合同所包含的重要信息不包括（　　）。

A．基金的投资基本要素　　B．基金的运作方式

C．当事人的权利义务　　　　D．基金的持有人结构（2016 年考试涉及）

【答案】D

【解析】基金合同包含以下两类重要信息：①基金投资运作安排和基金份额发售安排方面的信息，例如，基金运作方式，运作费用，基金发售、交易、申购、赎回的相关安排，基金投资基本要素，基金估值和净值公告等事项，此类信息一般也会在基金招募说明书中出现；②基金合同特别约定的事项，包括基金当事人的权利义务、基金持有人大会、基金合同终止等方面的信息。见于教材 121 页。

324．（单选题）作为投资者，应对招募说明书中的信息加以重点关注，其中不包括（　　）。

　　A．业绩比较基准　　　　　　B．风险收益特征
　　C．投资策略　　　　　　　　D．收益预期（2016 年考试涉及）

【答案】D

【解析】作为投资者，应对招募说明书中加以重点关注的信息包括：①基金运作方式；②从基金资产中列支的费用的种类、计提标准和方式；③基金份额的发售、交易、申购、赎回的约定，特别是买卖基金费用的相关条款；④基金投资目标、投资范围、投资策略、业绩比较基准、风险收益特征、投资限制等；⑤基金资产净值的计算方法和公告方式；⑥基金风险提示；⑦招募说明书摘要。见于教材 123 页。

325．（单选题）以下关于货币市场基金偏离度的表述，正确的是（　　）。

　　A．负偏离时，如基金投资和组合的平均剩余期限和融资比例较高，则基金隐含风险较大

　　B．在季度报告中的投资组合报告中，应披露报告期内偏离度绝对值在 0.2%～0.4% 的次数

　　C．当摊余成本法计算的基金资产净值超过影子定价确定的基金资产净值时，基金组合存在浮盈

　　D．当偏离度的绝对值达到或超过 0.4% 时，基金管理人应该在临时报告中披露偏离度信息（2016 年考试涉及）

【答案】A

【解析】B 项，在季度报告中的投资组合报告中，货币市场基金将披露报告期内偏离度绝对值在 0.25%～0.5% 的次数、偏离度的最高值和最低值、偏离度绝对值的简单平均值等信息；C 项，当影子定价所确定的基金资产净值超过摊余成本法计算的基金资产净值（即产生正偏离）时，表明基金组合中存在浮盈；D 项，当影子定价与摊余成本法确定的基金资产净值偏离度的绝对值达到或者超过 0.5% 时，基金管理人将在事件发生之日起 2 日内就此事项进行临时报告。见于教材 126 页。

326.（单选题）关于公募基金半年度报告，以下说法错误的是（ ）。

A. 半年度报告的管理人报告无须披露内部监察报告

B. 半年度报告要披露过去 1 个月的净值增长率

C. 半年度报告只需披露当期的主要会计数据和财务数据

D. 半年度报告需要进行审计（2016 年考试涉及）

【答案】D

【解析】与年度报告相比，半年度报告的披露的特点之一是半年度报告不要求进行审计。见于教材 127 页。

327.（单选题）以下选项中不属于 QDII 基金临时公告中的特殊披露要求中的是（ ）。

A. 汇率变动   B. 变更投资顾问

C. 变更境外托管人   D. 境外诉讼（2016 年考试涉及）

【答案】A

【解析】当 QDII 基金变更境外托管人、变更投资顾问、投资顾问主要负责人变动、涉及境外诉讼等重大事件时，应在事件发生后及时披露临时公告，并在更新的招募说明书中予以说明。见于教材 133 页。

328.（单选题）基金管理人关于 ETF 基金份额参考净值的计算方式，一般需经（ ）认可后公告。

A. 中国证监会   B. 证券业协会

C. 基金业协会   D. 证券交易所（2016 年考试涉及）

【答案】D

【解析】基金管理人关于 ETF 基金份额参考净值的计算方式，一般需经证券交易所认可后公告；修改 ETF 基金份额参考净值计算方式，也需经证券交易所认可后公告。见于教材 134 页。

329.（单选题）基金管理公司需要在每年结束后（ ）内，披露基金年度报告。

A. 60 个工作日   B. 60 个自然日

C. 90 个工作日   D. 90 个自然日（2015 年考试涉及）

【答案】C

【解析】在每年结束后 90 日内，在指定报刊上披露年度报告摘要，在管理人网站上披露年度报告全文。见于教材 118 页。

330.（单选题）开放式基金管理人应在基金合同生效后每（ ）个月结束之日起（ ）日内，将更新的招募说明书登载在管理人网站上。

A. 6；30   B. 3；45

C. 3；30   D. 6；45（2015 年考试涉及）

【答案】D

【解析】开放式基金合同生效后每 6 个月结束之日起 45 日内，将更新的招募说明书登载在管理人网站上,更新的招募说明书摘要登载在指定报刊上;在公告的 15 日前,应向中国证监会报送更新的招募说明书,并就更新内容提供书面说明。见于教材 118 页。

331.(单选题)以下不属于基金托管人临时信息披露事项的是( )。

A. 发生涉及非托管业务的诉讼

B. 托管人召集持有人大会

C. 托管人受到监管部门的调查

D. 托管部门主要业务人员在 1 年内变动超过 30%(2015 年考试涉及)

【答案】A

【解析】当基金发生涉及托管人及托管业务的重大事件时,例如,基金托管人的专门基金托管部门的负责人变动,该部门的主要业务人员在 1 年内变动超过 30%,托管人召集基金份额持有人大会,托管人的法定名称或住所发生变更,发生涉及托管业务的诉讼,托管人受到监管部门的调查或托管人及其托管部门的负责人受到严重行政处罚,等等,托管人应当在事件发生之日起 2 日内编制并披露临时公告书,并报中国证监会及地方监管局备案。见于教材 119 页。

332.(单选题)作为基金份额持有人的信息披露义务主要体现在( )的披露义务。

A. 基金份额持有人大会信息

B. 基金份额变化信息

C. 基金份额持有信息

D. 基金运作、托管监督报告(2015 年考试涉及)

【答案】A

【解析】基金份额持有人的信息披露义务主要体现在和基金份额持有人大会相关的披露义务。见于教材 120 页。

333.(单选题)股票基金净值公告的内容不包括( )。

A. 基金份额累计净值　　　　B. 基金万份收益

C. 基金资产净值　　　　　　D. 基金份额净值(2015 年考试涉及)

【答案】B

【解析】普通基金净值公告主要包括基金资产净值、份额净值及份额累计净值等信息。见于教材 125 页。

本章模拟题及解析

334.(单选题)基金信息披露的最根本、最重要的原则是( )原则。

A. 时效性　　　B. 重要性　　　C. 真实性　　　D. 全面性

【答案】C

【解析】真实性原则是基金信息披露最根本、最重要的原则，它要求披露的信息以客观事实为基础，以没有扭曲和不加粉饰的方式反映真实状态。见于教材113页。

335.（单选题）相对于实质性审查制度，强制性信息披露的基本推论是投资者在公开信息的基础上（　　）。

A．风险共担　　B．买者自负　　C．收益共享　　D．买者自慎

【答案】D

【解析】相对于实质性审查制度强制，性信息披露的基本推论是投资者在公开信息的基础上"买者自慎"。见于教材113页。

336.（单选题）当基金发生重大事件可能对投资者决策产生重大影响时，基金管理人应在重大事件发生之日起2日内披露临时报告，体现了基金信息披露的（　　）。

A．真实性原则　　　　　　B．及时性原则
C．完整性原则　　　　　　D．准确性原则

【答案】B

【解析】及时性原则要求以最快的速度公开信息，体现在基金管理人应在法定期限内披露基金招募说明书、定期报告等文件，在重大事件发生之日起2日内披露临时报告。及时性原则还要求公开披露信息处于最新状态。为此，基金管理人还应定期更新招募说明书。见于教材114页。

337.（单选题）(　　)要求基金信息必须按照法定的内容和格式进行披露，以保证披露信息的可比性。

A．易解性原则　　　　　　B．规范性原则
C．易得性原则　　　　　　D．及时性原则

【答案】B

【解析】规范性原则要求基金信息必须按照法定的内容和格式进行披露，来保证披露信息的可比性。见于教材114页。

338.（单选题）下列不属于基金信息披露的内容是（　　）。

A．基金募集情况

B．基金合同生效公告

C．基金份额上市交易公告书

D．基金管理人运作基金的具体情况

【答案】D

【解析】基金信息披露的内容包括以下方面：①基金招募说明书；②基金合同；③基金托管协议；④基金份额发售公告；⑤基金募集情况；⑥基金合同生效公告；⑦基金份额上市交易公告书；⑧基金资产净值、基金份额净值；⑨基金份

额申购、赎回价格；⑩基金定期报告，包括基金年度报告、基金半年度报告和基金季度报告；⑪临时报告；⑫基金份额持有人大会决议；⑬基金管理人、基金托管人的基金托管部门的重大人事变动；⑭涉及基金管理人、基金财产、基金托管业务的诉讼；⑮澄清公告；⑯中国证监会规定的其他信息。见于教材115页。

339．（单选题）下列不属于基金信息披露规范性文件的是（ ）。

A．《证券投资基金信息披露内容和格式准则》

B．《证券投资基金法》

C．《证券投资基金信息披露XBRL模板》

D．《证券投资基金信息披露编报规则》

【答案】B

【解析】我国基金信息披露的规范性文件有：《证券投资基金信息披露内容和格式准则》《证券投资基金信息披露编报规则》《证券投资基金信息披露XBRL模板》。见于教材115页。

340．（单选题）XBRL是国际上将会计准则与计算机语言相结合，用于（ ）数据，尤其是财务信息交换的最新公认标准和技术。

A．抽象化　　B．结构化　　C．非结构化　　D．复杂化

【答案】C

【解析】XBRL是国际上将会计准则与计算机语言相结合，用于非结构化数据，特别是财务信息交换的最新公认标准和技术。见于教材116页。

341．（单选题）公开披露基金信息的禁止行为，不包括（ ）。

A．对证券投资业绩进行预测

B．虚假记载、误导性陈述或者重大遗漏

C．通过基金管理人自身开设和管理的网络披露信息

D．违规承诺收益或者承担损失

【答案】C

【解析】基金信息披露的禁止行为：①虚假记载、误导性陈述或者重大遗漏；②对证券投资业绩进行预测；③违规承诺收益或者承担损失；④诋毁其他基金管理人、基金托管人或者基金销售机构；⑤登载任何自然人、法人或者其他组织的祝贺性、恭维性或推荐性的文字；⑥中国证监会禁止的其他行为。见于教材116页。

342．（单选题）基金信息披露的禁止行为包括（ ）。

Ⅰ．虚假记载、误导性陈述或者重大遗漏；Ⅱ．对证券投资业绩进行预测；Ⅲ．违规承诺收益或者承担损失；Ⅳ．披露基金资产净值、基金份额净值

A．Ⅱ、Ⅲ　　　　　　　　B．Ⅱ、Ⅳ

C．Ⅰ、Ⅱ、Ⅲ　　　　　　D．Ⅰ、Ⅱ、Ⅲ、Ⅳ

【答案】C

【解析】基金信息披露的禁止行为包括：①虚假记载、误导性陈述或者重大遗漏；②对证券投资业绩进行预测；③违规承诺收益或者承担损失；④诋毁其他基金管理人、基金托管人或者基金销售机构；⑤登载任何自然人、法人或者其他组织的祝贺性、恭维性或推荐性的文字；⑥中国证监会禁止的其他行为。见于教材116页。

343．（单选题）基金信息披露义务人不包括（ ）。

A．基金管理人

B．基金代销机构

C．基金托管人

D．召集基金份额持有人大会的基金份额持有人

【答案】B

【解析】在基金募集和运作过程中，负有信息披露义务的当事人主要包括基金管理人、基金托管人、召集基金份额持有人大会的基金份额持有人。他们应当依法及时披露基金信息，并确保所披露信息的真实性、准确性和完整性。见于教材117页。

344．（单选题）在交易所上市的封闭式基金刊登临时报告书，必须经（ ）核准。

A．基金持有人大会　　　B．基金托管人
C．基金上市的证券交易所　D．中国证券登记结算公司

【答案】C

【解析】当发生对基金份额持有人权益或者基金价格产生重大影响的事件时，应在2日内编制并披露临时报告书，并分别报中国证监会及地方监管局备案。封闭式基金还应在披露临时报告前，送基金上市的证券交易所审核。见于教材118页。

345．（单选题）ETF上市交易后，其管理人应在（ ）向证券交易所和证券登记结算公司提供申购、赎回清单。

A．每日开市前　　　B．不定期
C．每月　　　　　　D．每周

【答案】A

【解析】ETF上市交易后，其管理人应在每日开市前向证券交易所及证券登记结算公司提供申购、赎回清单，并在指定的信息发布渠道上公告。见于教材118页。

346．（单选题）封闭式基金至少每周公告（ ）次资产净值和份额净值。

A．1　　　B．2　　　C．5　　　D．7

【答案】A

【解析】对于基金管理人来说，至少每周公告一次封闭式基金的资产净值和份额净值。见于教材118页。

347.（单选题）基金管理人召集基金份额持有人大会应至少提前（ ）日公告大会的召开时间、会议形式、审议事项和表决方式等事项。

A．10　　　　B．15　　　　C．30　　　　D．60

【答案】C

【解析】管理人召集基金份额持有人大会的，应至少提前30日公告大会的召开时间、会议形式、审议事项、议事程序和表决方式等事项。会议召开后，应将持有人大会决定的事项报中国证监会核准或备案，并予公告。见于教材119页。

348.（单选题）基金托管人在基金信息披露方面的作用主要是（ ）。

A．编制季报、年报等各类定期报告

B．复核信息披露文件，维护基金当事人尤其是基金份额持有人的权益

C．复核信息披露文件，并对其真实性、准确性和完整性负责

D．编制月报、基金公告等各类临时报告

【答案】B

【解析】A、D两项是基金管理人的义务；C项，基金管理人对信息披露文件真实性、准确性和完整性负责。见于教材119页。

349.（单选题）基金托管人主要负责办理的信息披露事项包括（ ）。

A．代理清算交割　　　　B．上市交易

C．净值披露　　　　　　D．基金募集

【答案】A

【解析】基金托管人的信息披露义务主要是办理与基金托管业务活动有关的信息披露事项，具体涉及基金资产保管、代理清算交割、会计核算、净值复核、投资运作监督等环节。见于教材119页。

350.（单选题）当代表基金份额（ ）以上的基金份额持有人就同一事项要求召开持有人大会，而管理人和托管人都不召集的时候，持有人有权自行召集。

A．10%　　　B．15%　　　C．30%　　　D．50%

【答案】A

【解析】根据《证券投资基金法》，当代表基金份额10%以上的基金份额持有人就同一事项要求召开持有人大会，而管理人和托管人都不召集的时候，代表基金份额10%以上的持有人有权自行召集。见于教材120页。

351.（单选题）召开基金份额持有人大会，召集人应当至少提前（ ）日公告基金份额持有人大会的召开时间、会议形式、审议事项、议事程序和表决方式等事项。

A．7　　　　B．10　　　　C．30　　　　D．45

【答案】C

【解析】基金份额持有人应至少提前30日公告持有人大会的召开时间、会议形式、审议事项、议事程序和表决方式等事项。见于教材120页。

352.（单选题）投资者缴纳基金份额认购款项时，即表明其对（　）的承认和接受，此时基金合同成立。

A．基金托管协议　　　　　　B．基金招募说明书

C．基金合同　　　　　　　　D．基金临时公告

【答案】C

【解析】基金合同是约定基金管理人、基金托管人及基金份额持有人权利义务关系的重要法律文件。投资者缴纳基金份额认购款项时，即表明其对基金合同的承认和接受，这时基金合同成立。见于教材120页。

353.（单选题）下列不属于基金合同特别约定的事项是（　）。

A．基金当事人的权利义务，特别是基金份额持有人的权利

B．基金持有人大会的召集、议事及表决的程序和规则

C．基金财产的投向和投资限制

D．基金合同终止的事由、程序及基金财产的清算方式

【答案】C

【解析】基金合同特别约定的事项包括：①基金当事人的权利义务，特别是基金份额持有人的权利；②基金持有人大会的召集、议事及表决的程序和规则；③基金合同终止的事由、程序及基金财产的清算方式。见于教材121页。

354.（单选题）基金合同一旦终止，基金财产就进入清算程序，对于清算后的基金财产，投资者享有（　）。

A．表决权　　B．决策权　　C．分配权　　D．认购权

【答案】C

【解析】基金合同一旦终止，基金财产就进入清算程序，对于清算后的基金财产，投资者是享有分配权的。见于教材122页。

355.（单选题）在基金招募说明书封面的显著位置，管理人一般会作出的风险提示中不包括（　）。

A．基金过往业绩不预示未来表现

B．可预计一定区间的盈利

C．不保证基金一定盈利

D．不保证最低收益

【答案】B

【解析】在招募说明书封面的显著位置，管理人通常会作出"基金过往业绩不预示未来表现；不保证基金一定盈利，也不保证最低收益"等风险提示。见于教材123页。

356.（单选题）基金招募说明书中最重要的信息不包括基金的（　）。

A．投资目标　　　　　　　　B．业绩比较基准

C．申购、赎回的约定　　　　D．风险收益特征

【答案】C

【解析】基金投资目标、投资范围、投资策略、业绩比较基准、风险收益特征、投资限制是招募说明书中最为重要的信息，因为它体现了基金产品的风险收益水平，能够帮助投资者选择与自己风险承受能力和收益预期相符合的产品。见于教材123页。

357.（单选题）招募说明书摘要的内容不包括（　　）。

A．基金投资目标　　　　　B．基金投资基本要素

C．基金业绩和费用概览　　D．投资组合报告

【答案】A

【解析】招募说明书摘要部分出现在每6个月更新的招募说明书中，主要包括基金投资基本要素、投资组合报告、基金业绩和费用概览、招募说明书更新说明等内容，可谓是招募说明书内容的精华。A项属于招募说明书中最为重要的信息。见于教材124页。

358.（单选题）我国证券投资基金的托管协议是基金管理人与（　　）之间订立的就基金资产保管、资金清算、会计核算等方面达成的协议书。

A．基金托管人　　　　　　B．基金份额持有人

C．基金销售人　　　　　　D．监管机构

【答案】A

【解析】基金托管协议是基金管理人与基金托管人签订的协议，主要目的在于明确双方在基金财产保管、投资运作、净值计算、收益分配、信息披露以及相互监督等事宜中的权利、义务及职责，确保基金财产的安全，保护基金份额持有人的合法权益。见于教材124页。

359.（单选题）基金托管人对基金管理人监督的主要内容之一是（　　）。

A．对基金投资范围、公开披露信息的监督

B．对基金投资范围、交易过程的监督

C．对基金投资范围、投资对象的监督

D．对基金投资范围、投资流程的监督

【答案】C

【解析】基金托管协议是基金管理人与基金托管人签订的协议，基金托管协议包含两类重要信息：第一，基金管理人与基金托管人之间的相互监督和核查。例如，基金托管人应依据法律法规及基金合同的约定，对基金投资对象、投资范围、投融资比例、投资禁止行为、基金参与银行间市场的信用风险控制等进行监督。第二，协议当事人权责约定中事关持有人权益的重要事项。见于教材124页。

360.（单选题）货币市场基金披露收益公告中，包括每万份基金收益和最近（　　）年化收益率。

A．3日　　　B．15日　　　C．7日　　　D．10日

【答案】C

【解析】货币市场基金需要披露收益公告，包括每万份基金收益及最近7日年化收益率。见于教材125页。

361．（单选题）遇到法定节假日时，收益公告于节假日结束后第二个自然日披露（　　）7日年化收益率。

A．节假日期间　　　　　　B．节假日前一日

C．节假日后第一个自然日　　D．节假日最后一日

【答案】D

【解析】节假日的收益公告是指货币市场基金放开申购赎回后，在遇到法定节假日时，在节假日结束后第二个自然日披露节假日期间的每万份基金净收益，节假日最后一日的7日年化收益率，以及节假日后首个开放日的每万份基金净收益和7日年化收益率。见于教材125页。

362．（单选题）目前，按我国基金信息披露法规要求，当偏离达到一定程度时，货币市场基金应刊登偏离度信息，其中不包括（　　）。

A．在临时报告中披露偏离度信息

B．在季度报告中披露偏离度信息

C．在半年度报告和年度报告中披露偏离度信息

D．在投资组合报告中披露偏离度信息

【答案】B

【解析】目前，按我国基金信息披露法规要求，当偏离达到一定程度时，货币市场基金应刊登偏离度信息，主要包括以下三类：①在临时报告中披露偏离度信息；②在半年度报告和年度报告中披露偏离度信息；③在投资组合报告中披露偏离度信息。见于教材126页。

363．（单选题）基金投资组合一般在（　　）中公布。

A．周报　　　B．季报　　　C．临时报告　　　D．月报

【答案】B

【解析】基金季度报告主要包括基金概况、主要财务指标与净值表现、管理人报告、投资组合报告、开放式基金份额变动等内容。见于教材126页。

364．（单选题）基金年度报告披露的财务指标中，能够较为合理地评价基金业绩表现的指标是（　　）。

A．期末基金份额净值　　　B．基金份额净值增长率

C．基金净值总额　　　　　D．期末可供分配利润

【答案】B

【解析】基金年度报告中应披露下列财务指标：本期利润、本期利润扣减本期公允价值变动损益后的净额、加权平均份额本期利润、期末可供分配利润、期末可供分配份额利润、期末资产净值、期末基金份额净值、加权平均净值利润

率、本期份额净值增长率和份额累计净值增长率等。其中，净值增长指标是目前比较合理的评价基金业绩表现的指标。见于教材 128 页。

365．（单选题）报告期内累计买入、累计卖出价值超出期初基金资产净值（　）时，基金管理人需要在基金股票投资组合重大变动事项中披露股票明细。

A．1%　　　　B．2%　　　　C．3%　　　　D．5%

【答案】B

【解析】报告期内累计买入、累计卖出价值超出期初基金资产净值2%（报告期内基金合同生效的基金，采用期末基金资产净值的2%）时，基金管理人需要在基金股票投资组合重大变动事项中披露股票明细。见于教材 129 页。

366．（单选题）基金年度报告披露的持有人信息包括（　）。

Ⅰ．上市基金名持有人的名称

Ⅱ．持有人结构

Ⅲ．持有人户数，户均持有基金份额

Ⅳ．上市基金前 10 名持有人的持有份额及占总份额的比例

A．Ⅰ、Ⅱ　　　　　　　　　B．Ⅰ、Ⅲ、Ⅳ

C．Ⅱ、Ⅳ　　　　　　　　　D．Ⅱ、Ⅲ、Ⅳ

【答案】D

【解析】基金年度报告披露的持有人信息主要有：①上市基金前 10 名持有人的名称、持有份额及占总份额的比例；②持有人结构，包括机构投资者、个人投资者持有的基金份额及占总份额的比例；③持有人户数，户均持有基金份额。见于教材 130 页。

367．（单选题）基金上市交易公告书披露的事项不包括（　）。

A．基金持有人结构　　　　　B．基金托管人报告

C．募集情况与上市交易安排　D．基金合同摘要

【答案】B

【解析】基金上市交易公告书的主要披露事项包括：基金概况、基金募集情况与上市交易安排、持有人户数、持有人结构及前 10 名持有人、主要当事人介绍、基金合同摘要、基金财务状况、基金投资组合报告、重大事件揭示等。见于教材 130 页。

368．（单选题）目前，披露上市交易公告书的基金品种不包括（　）。

A．LOF　　　　　　　　　　B．封闭式基金

C．货币市场基金　　　　　　D．ETF

【答案】C

【解析】凡是根据有关法律法规发售基金份额并申请在证券交易所上市交易的基金，基金管理人都应编制并披露基金上市交易公告书。目前，披露上市交易公告书的基金品种主要包括封闭式基金、LOF、ETF 以及分级基金子份额。见于

教材 130 页。

369.（单选题）下列不属于可能影响投资者决策或者影响证券市场价格的重大事件的是（　）。

A．提前终止基金合同

B．转换基金运作方式

C．延长基金合同期限

D．开放式基金发生巨额赎回且按期支付赎回款项

【答案】D

【解析】基金的重大事件包括：基金份额持有人大会的召开，提前终止基金合同，延长基金合同期限，转换基金运作方式，更换基金管理人或托管人，基金管理人的董事长、总经理及其他高级管理人员、基金经理和基金托管人的基金托管部门负责人发生变动，涉及基金管理人、基金财产、基金托管业务的诉讼，基金份额净值计价错误金额达基金份额净值的 0.5%，开放式基金发生巨额赎回并延期支付等。见于教材 131 页。

370.（单选题）基金管理公司应在 QDII 基金的招募说明书中披露境外投资顾问和境外托管人的信息不包括（　）。

A．境外投资顾问主要负责人家庭背景

B．境外托管人托管资产规模

C．境外托管人办公地址

D．境外投资顾问成立时间

【答案】A

【解析】境外投资顾问和境外托管人信息。基金管理公司在管理 QDII 基金时，如委托境外投资顾问、境外托管人，应在招募说明书中文披露境外投资顾问和境外托管人的相关信息，包括境外投资顾问和境外托管人的名称、注册地址、办公地址、法定代表人、成立时间，境外投资顾问最近一个会计年度资产管理规模，主要负责人教育背景、从业经历、取得的从业资格和专业职称介绍，境外托管人最近一个会计年度实收资本、托管资产规模、信用等级等。见于教材 132 页。

371.（单选题）对 QDII 基金来说，在放开申购、赎回前，资产净值公告的披露频率是（　）。

A．每交易日公告 1 次　　B．至少每月公告 2 次

C．至少每周公告 2 次　　D．至少每周公告 1 次

【答案】D

【解析】QDII 基金也是开放式基金，在其放开申购、赎回前，通常至少每周披露一次资产净值和份额净值；放开申购、赎回后，则需要披露每个开放日的份额净值和份额累计净值。QDII 基金的净值在估值日后 1～2 个工作日内披露。见

于教材133页。

372.（单选题）下列不属于定期报告中的特殊披露要求的是（　　）。

A．境外投资顾问信息

B．境外证券投资信息

C．外币交易及外币折算相关的信息

D．境外资产管理人信息

【答案】D

【解析】定期报告中的特殊披露要求包括：①境外投资顾问和境外资产托管人信息；②境外证券投资信息；③外币交易及外币折算相关的信息。见于教材133页。

373.（单选题）ETF基金上市交易之后，需按交易所的要求，在（　　）开市前披露当日的申购清单和赎回清单。

A．每周　　　B．每日　　　C．每旬　　　D．每月

【答案】B

【解析】ETF基金上市交易之后，需要按交易所的要求，在每日开市前披露当日的申购清单和赎回清单，并在交易时间内即时揭示基金份额参考净值。见于教材133页。

374.（单选题）基金管理人关于ETF基金份额参考净值的计算方式，一般需经（　　）认可后公告。

A．证券交易所　　　　B．证券业协会

C．基金业协会　　　　D．证监会

【答案】A

【解析】基金管理人关于ETF基金份额参考净值的计算方式，通常需经证券交易所认可后公告，修改ETF基金份额参考净值计算方式，也需经证券交易所认可后公告。见于教材134页。

第八章 基金客户和销售机构

本章热题库

📓 **本章知识结构图**

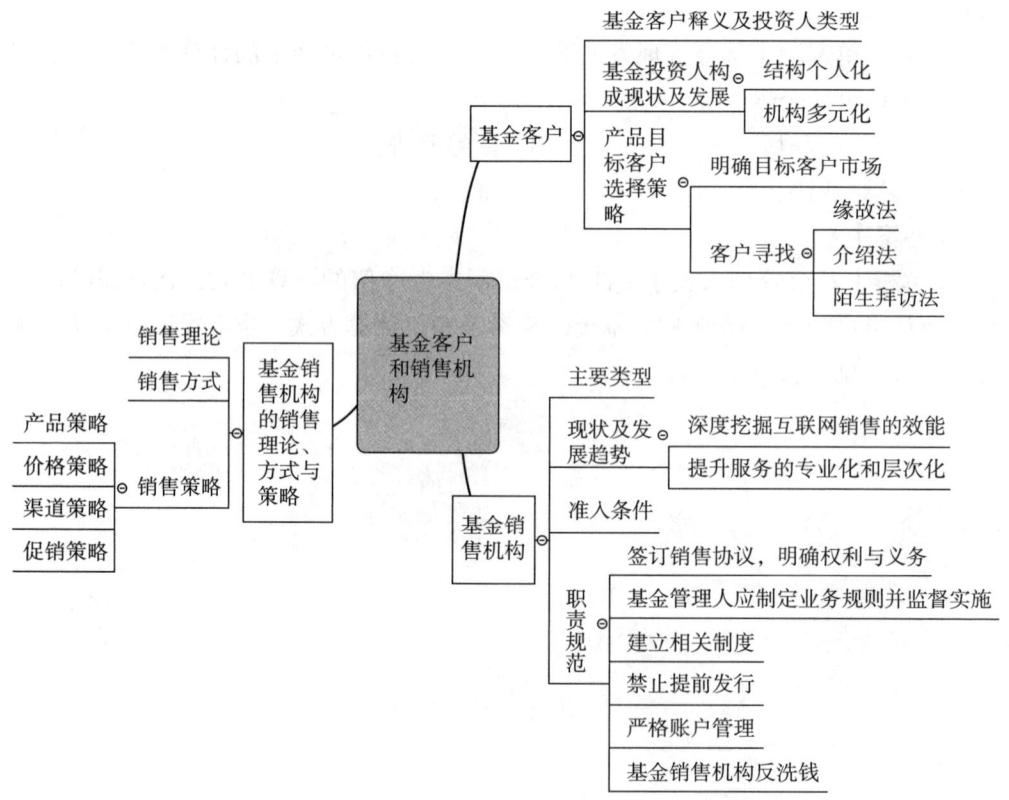

第八章 基金客户和销售机构

本章重点知识点

掌握 ★★★★★	理解 ★★★☆☆	了解 ★☆☆☆☆
基金销售机构的主要类型和现状；基金销售机构准入条件；基金销售机构职责规范	基金市场营销的特殊性及主要销售策略	基金投资人类型、基金客户构成现状、目标客户选择；各类基金销售机构的发展趋势；基金管理人及代销机构销售方式

本章历年真题及解析

375.（单选题）销售机构在进行市场细分时应遵循的原则包括（　　）。

Ⅰ．易入原则；Ⅱ．可测原则；Ⅲ．成长原则；Ⅳ．识别原则；Ⅴ．利润原则

　　A．Ⅰ、Ⅱ　　　　　　　　　　B．Ⅰ、Ⅱ、Ⅲ、Ⅳ、Ⅴ
　　C．Ⅰ、Ⅱ、Ⅲ、Ⅳ　　　　　　D．Ⅰ、Ⅱ、Ⅲ（2017年考试涉及）

【答案】B

【解析】销售机构市场细分必须契合实际，能对基金销售工作起到积极、有效的作用，因此销售机构在进行市场细分时应遵循以下原则：易入原则、可测原则、成长原则、识别原则、利润原则。见于教材143页。

376.（单选题）基金募集申请获得监管部门核准前，基金管理人、基金销售机构不得（　　）。

Ⅰ．办理预售业务；Ⅱ．公布基金宣传推介材料；Ⅲ．发售基金份额；Ⅳ．举办客户推介会

　　A．Ⅰ、Ⅱ、Ⅲ　　　　　　　　B．Ⅰ、Ⅱ、Ⅲ、Ⅳ
　　C．Ⅰ、Ⅲ、Ⅳ　　　　　　　　D．Ⅱ、Ⅲ、Ⅳ（2017年考试涉及）

【答案】B

【解析】基金募集申请获得中国证监会核准前，基金管理人、基金销售机构不得办理基金的销售业务，不得向公众分发、公布基金宣传推介材料或发售基金份额。见于教材148页。

377.（单选题）境内机构投资者开立基金账户应出示的证件不包括（　　）。

　　A．加盖单位公章的营业执照复印件
　　B．法定代表人授权委托书
　　C．加盖单位公章的机构章程复印件
　　D．指定银行交收账户的开户证明原件（2016年考试涉及）

【答案】C

【解析】境内机构基金投资者开立基金账户时,企业需要出示企业营业执照正本或副本原件及加盖单位公章的复印件,事业法人、社会团体或其他组织提供民政部门或主管部门颁发的注册登记证书原件及加盖单位公章的复印件;另外还需要提供法定代表人授权委托书,业务经办人有效身份证件,指定银行交收账户的开户证明原件等。见于教材140页。

378.(单选题)下列关于基金机构投资者的说法错误的是( )。

A. 一般具有较为雄厚的资金实力

B. 由证券投资专家进行管理

C. 是一个有独立法人地位的经济实体

D. 主要投资于单只基金(2016年考试涉及)

【答案】D

【解析】机构投资者在投资过程中会构建合理的投资组合,机构投资者庞大的资金、专业化的管理和多方位的市场研究等也为建立有效的投资组合提供了可能。见于教材140页。

379.(单选题)基金销售机构在进行市场细分时,应遵循的原则不包括( )。

A. 可测原则　　　　　　B. 易入原则

C. 成长原则　　　　　　D. 适用原则(2016年考试涉及)

【答案】D

【解析】基金销售机构在进行市场细分时,应遵循的原则包括:①易入原则;②可测原则;③成长原则;④识别原则;⑤利润原则。见于教材143页。

380.(单选题)下列选项中,不属于基金销售机构业务的是( )。

A. 办理基金赎回　　　　B. 办理基金申购

C. 办理基金清算　　　　D. 办理基金认购(2016年考试涉及)

【答案】C

【解析】基金销售机构,是指依法办理开放式基金份额的认购、申购和赎回的基金管理人以及取得基金代销业务资格的其他机构。见于教材145页。

381.(单选题)从事基金销售业务的商业银行,应向( )进行注册并取得相应资格。

A. 工商注册登记所在地的中国证监会派出机构

B. 中国银监会

C. 中国证监会

D. 基金管理公司所在地的中国证监会派出机构(2016年考试涉及)

【答案】A

【解析】商业银行(含在华外资法人银行)、证券公司、期货公司、保险机构、证券投资咨询机构、独立基金销售机构和中国证监会认定的其他机构从事基金销售业务的,应向工商注册登记所在地的中国证监会派出机构进行注册并取得相应资格。见于教材146页。

382.(单选题)基金销售机构应向中国反洗钱监测分析中心报告大额交易和可疑交易,对符合大额交易标准的,应当在交易发生后( )个工作日内,向中国反洗钱监测分析中心报告。

A. 2　　　　B. 10　　　　C. 3　　　　D. 5(2016年考试涉及)

【答案】D

【解析】基金销售机构应根据中国人民银行《金融机构大额交易和可疑交易报告管理办法》第九条和第十条规定,监测客户现金收支或款项划转情况,对符合大额交易标准的,在该大额交易发生后5个工作日内,向中国反洗钱监测分析中心报告。在发现有可疑交易或者行为时,在其发生后10个工作日内,向中国反洗钱监测分析中心报告。见于教材148页。

383.(单选题)基金市场营销的特殊性包括( )。

A. 服务性、持续性、成长性

B. 阶段性、全面性、可控性

C. 稳定性、周期性、安全性

D. 专业性、规范性、适用性(2016年考试涉及)

【答案】D

【解析】证券投资基金属于金融服务行业,其市场营销不同于有形产品营销,在运用4Ps理论时有其特殊性:①规范性;②服务性;③专业性;④持续性;⑤适用性。见于教材149页。

384.(单选题)根据规定,证券投资基金份额持有人享有的权利,不包括( )。

A. 参与基金日常投资管理

B. 申购、赎回或者转让基金份额

C. 取得基金收益

D. 出席或者委派代表出席基金份额持有人大会(2015年考试涉及)

【答案】A

【解析】我国基金份额持有人享有下列权利:①分享基金财产收益;②参与分配清算后的剩余基金财产;③依法转让或者申请赎回其持有的基金份额;④按照规定要求召开基金份额持有人大会,对基金份额持有人大会审议事项行使表决权;⑤查阅或者复制公开披露的基金信息资料;⑥对基金管理人、基金托管人、基金销售机构损害其合法权益的行为依法提出诉讼。见于教材139页。

385.(单选题)基金销售目标客户市场细分"利润原则"是指( )。

A. 基金投资的风险管理能力

B. 基金产品的可投资性

C. 基金投资获取的利润

D. 细分市场具有足够的业务量（2015年考试涉及）

【答案】C

【解析】销售机构在进行市场细分时应遵循：①易入原则；②可测原则；③成长原则；④识别原则；⑤利润原则。其中，利润原则是指销售机构进行市场细分后，必须有足够的业务量，以保证销售机构在扣除经营成本和营销费用后，在现在或未来可获得一定的利润。见于教材144页。

386.（单选题）基金销售机构的职责规范包括（　　）。

A. 委托基金管理人开立基金销售结算专用账户

B. 基金募集申请注册前向公众分发基金宣传推介材料

C. 书面协议委托其他机构代为办理基金业务

D. 对基金客户进行身份识别（2015年考试涉及）

【答案】D

【解析】基金销售机构为客户开立基金账户时，应按照反洗钱相关法律法规的规定进行客户身份识别，并在此基础上对客户的洗钱风险进行等级划分。见于教材148页。

本章模拟题及解析

387.（单选题）下列不属于基金份额持有人权利的是（　　）。

A. 分享基金投资收益

B. 查阅基金财产管理业务活动的公开披露资料

C. 确定基金收益分配方案

D. 按规定要求召开基金份额持有人大会

【答案】C

【解析】基金份额持有人享有下列权利：分享基金财产收益，参与分配清算后的剩余基金财产，依法转让或者申请赎回其持有的基金份额，按照规定要求召开基金投资者大会，对基金投资者大会审议事项行使表决权，查阅或者复制公开披露的基金信息资料，对基金管理人、基金托管人、基金销售机构损害其合法权益的行为依法提起诉讼等。见于教材139页。

388.（单选题）基金投资者承担的义务，不包括（　　）。

A. 不承担基金亏损或终止的有限责任

B. 缴纳基金认购款项及规定费用

C. 遵守基金合同

D. 在封闭式基金存续期间，不得要求赎回基金份额

【答案】A

【解析】基金投资者承担的义务有：遵守基金合同；缴纳基金认购款项及规定费用；承担基金亏损或终止的有限责任；不从事任何有损基金及其他基金投资人合法权益的活动；在封闭式基金存续期间，不得要求赎回基金份额；在封闭式基金存续期间，基金投资者必须遵守法律、法规的有关规定及基金契约规定的其他义务。见于教材139页。

389．（单选题）下列不属于基金客户的是（　　）。

A．基金管理人　　　　　　B．基金份额持有人

C．基金产品投资人　　　　D．基金投资回报的受益人

【答案】A

【解析】基金客户即基金份额的持有人、基金产品的投资人，是基金资产的所有者和基金投资回报的受益人，是开展基金一切活动的中心。A项基金管理人是基金产品的募集者和管理者。见于教材139页。

390．（单选题）个人投资者与机构投资者的不同点不包括（　　）。

A．投资来源　　　　　　B．投资目标

C．投资方向　　　　　　D．投资本质

【答案】D

【解析】机构投资者的性质和个人投资者不同，在投资来源、投资目标、投资方向等方面都与个人投资者有很大差别。见于教材140页。

391．（单选题）下列说法错误的是（　　）。

A．个人有效账户数在2008年前后有所下降

B．从基金投资者结构特征上看，主要变化集中在结构个人化、机构多元化两个方面

C．2006年以前，低风险产品（债券型、货币型和保本型基金）为机构投资者所青睐

D．2006年之后，个人资金快速转向高风险基金，而低风险基金则逐渐为机构资金所主导

【答案】C

【解析】从不同类型基金产品的投资者结构特征方面考察，2006年是一个重要的时间分界点。在这之前，高风险产品（股票型和混合型基金）为机构投资者所青睐，而低风险产品（债券型、货币型和保本型基金）则为个人投资者所青睐。见于教材142页。

392．（单选题）基金销售市场细分的原则中，（　　）是指完成市场细分后，销售机构有能力向某一细分市场提供其所需的基金产品和服务的原则，即该细分市场是易于开发、便于进入的。

A．可测原则　　B．识别原则　　C．易入原则　　D．成长原则

【答案】C

【解析】易入原则是指完成市场细分后，销售机构有能力向某一细分市场提供其所需的基金产品和服务，即该细分市场是易于开发、便于进入的。见于教材143页。

393.（单选题）常用的寻找潜在基金销售客户的方法不包括（　　）。
A．网络检索法　　　　　B．缘故法
C．介绍法　　　　　　　D．陌生拜访法

【答案】A

【解析】常用的寻找潜在基金销售客户的方法分别有缘故法、介绍法及陌生拜访法。见于教材144页。

394.（单选题）目前，我国基金代销机构不包括（　　）。
A．基金销售公司　　　　B．证券公司
C．保险公司　　　　　　D．财务公司

【答案】D

【解析】代销机构是指与基金公司签订基金产品代销协议，代为销售基金产品，赚取销售佣金的商业机构，主要包括商业银行、证券公司、期货公司、保险机构、证券投资咨询机构以及独立基金销售机构。见于教材145页。

395.（单选题）下列基金销售机构中，（　　）属于基金直销机构。
A．基金公司　　B．证券公司　　C．商业银行　　D．保险机构

【答案】A

【解析】直销机构是指直接销售基金的基金公司。基金公司开展直销目前主要包括两种形式，一是专门的销售人员直接开发与维护机构客户和高净值个人客户；二是自行开发建立电子商务平台。见于教材145页。

396.（单选题）随着基金销售市场状况和外部环境的改变，各类基金销售机构在未来发展方向上呈现的趋势不包括（　　）。
A．提升服务的层次化
B．深度挖掘互联网销售的效能
C．提升服务的专业化
D．提升服务的综合化

【答案】D

【解析】随着基金销售市场状况和外部环境的改变，各类基金销售机构在未来发展方向上呈现趋势为：①深度挖掘互联网销售的效能；②提升服务的专业化和层次化。见于教材146页。

397.（单选题）基金销售机构的准入条件不包括（　　）。
A．财务状良好，运作规范稳定
B．有符合法律法规要求的反洗钱内部控制制度

C. 制定了完善的资金清算流程

D. 有办理基金发售、申购和赎回等业务的技术设施

【答案】D

【解析】有安全、高效的办理基金发售、申购和赎回等业务的技术设施。见于教材146页。

398.（单选题）关于基金销售机构的职责规范，下列描述错误的是（　）。

A. 基金销售机构应签订销售协议，明确权利与义务

B. 允许基金销售机构提前发行

C. 基金管理人应制定业务规则并监督实施

D. 基金销售机构具有反洗钱职责

【答案】B

【解析】《证券投资基金销售管理办法》及其他规范性文件对基金销售机构职责的规范主要包括：①签订销售协议，明确权利与义务；②基金管理人应制定业务规则并监督实施；③建立相关制度；④禁止提前发行；⑤严格账户管理；⑥基金销售机构反洗钱。见于教材147页。

399.（单选题）在销售基金时，（　）应制定合理的业务规则，对基金认购、申购、赎回、转换、非交易过户等行为进行规定。

A. 基金托管人　　　　　　　B. 基金管理人
C. 基金持有人　　　　　　　D. 基金销售机构

【答案】B

【解析】在销售基金时，基金管理人应制定合理的业务规则，对基金认购、申购、赎回、转换、非交易过户等行为进行规定。见于教材147页。

400.（单选题）基金管理人、基金销售机构应当建立健全档案管理制度，与销售业务有关的资料自业务发生当年起至少保存（　）年。

A. 15　　　B. 10　　　C. 25　　　D. 20

【答案】A

【解析】基金管理人、基金销售机构应当建立健全档案管理制度，妥善管理基金份额持有人的开户资料以及与销售业务有关的其他资料。客户身份资料自业务关系结束当年起至少保存15年，与销售业务有关的其他资料自业务发生当年起至少保存15年。见于教材147页。

401.（单选题）（　）不属于基金销售结算资金。

A. 基金赎回资金　　　　　　B. 基金申购资金
C. 基金投资收益　　　　　　D. 基金现金分红

【答案】C

【解析】基金销售结算资金是指由基金销售机构、基金销售支付结算机构或基金注册登记机构归集的，在基金投资人结算账户和基金托管账户之间划转的基

金申购（认购）、赎回、现金分红等资金。见于教材148页。

402.（单选题）传统的销售理论中的4Ps是指（ ）。

A. 产品、价格、渠道、促销　　B. 数量、价格、渠道、促销

C. 产品、数量、价格、渠道　　D. 价格、渠道、总额、促销

【答案】A

【解析】销售理论中的4Ps是指产品、价格、渠道和促销。见于教材149页。

403.（单选题）基金销售的（ ）要求，基金销售机构在制定产品策略和促销策略时，需要严格遵守监管部门在基金销售费用、基金销售宣传推介等方面的规定。

A. 适用性　　B. 服务性　　C. 专业性　　D. 规范性

【答案】D

【解析】基金是面对广大投资者的金融理财产品，为了维护投资者利益，监管部门在基金销售费用、基金销售宣传推介等方面做了严格的规定。所以，基金销售机构在制定产品策略和促销策略时，需要严格遵守这些规定，这是基金销售规范性的客观要求。见于教材149页。

404.（单选题）下列关于基金市场营销的说法，错误的是（ ）。

A. 基金市场营销的意义体现于基金募集阶段

B. 强调销售服务的持续性

C. 市场营销不同于有形产品营销

D. 在服务过程中，注重与客户的关系，保证服务的质量

【答案】A

【解析】基金营销是一种理财服务，不是一锤子买卖，因此更强调销售服务的持续性。基金销售策略的制定也需特别重视这一点，从而不断扩大客户群体，扩大基金规模。见于教材150页。

405.（单选题）以下不属于我国证券投资基金销售渠道的是（ ）。

A. 保险公司　　　　　　　B. 基金管理公司直销中心

C. 证券公司　　　　　　　D. 商业银行

【答案】A

【解析】我国基金销售渠道包括：①基金公司直销；②银行代销；③证券公司代销；④新兴的互联网金融渠道。见于教材151页。

406.（单选题）（ ）机构的营业网点数量众多，受众范围广。

A. 包销　　B. 直销　　C. 代销　　D. 承销

【答案】C

【解析】代销机构的营业网点数量众多，受众范围广。见于教材151页。

407.（单选题）下列关于证券公司代销基金的说法，不正确的是（ ）。

A. 证券公司经纪业务营业部是传统股票投资者转为基金投资者时的首选

B. 主营业务是股票经纪，拥有推动股票经纪客户向基金投资者转化的动力
C. 客户经理专业水平相对较高，服务也较好
D. 网点较多，便于传统客户交易买卖

【答案】B

【解析】证券公司代销的特点包括：①证券公司经纪业务营业部是传统股票投资者转为基金投资者时的首选；②网点较多，便于传统客户交易买卖；③客户经理专业水平相对较高，服务也较好；④主营业务是股票经纪，在一定程度上缺乏推动股票经纪客户向基金投资者转化的动力等。见于教材151页。

408.（单选题）下列关于销售策略的说法，不正确的是（　　）。

A. 基金销售机构在产品策略方面存在产品设计同质化、市场细分不到位等问题
B. 在促销策略上，我国基金销售机构往往重首发而轻持续营销
C. 在渠道策略方面，我国基金销售的渠道较为单一，以银行和券商代销为主
D. 在价格策略方面，我国的基金销售机构采取的费率结构还比较单一

【答案】D

【解析】在价格策略方面，基金销售机构通常采取多种费率结构相结合的方式，根据申购资金量不同，持有期限不同，基金投资品种和期限的不同设定不同的费率结构。见于教材152页。

409.（单选题）当前，我国开放式基金已经构建一条（　　）在内的风险由低到高的产品线，以满足不同风险偏好者的需求。

A. 债券基金、货币市场基金、股票基金、混合基金
B. 债券基金、货币市场基金、混合基金、股票基金
C. 货币市场基金、债券基金、混合基金、股票基金
D. 货币市场基金、债券基金、股票基金、混合基金

【答案】C

【解析】当前，我国开放式基金已经构建一条货币市场基金、债券基金、混合基金、股票基金等在内的风险由低到高的产品线，来满足不同风险偏好者的需求。见于教材152页。

410.（单选题）下列不属于促销策略的是（　　）。

A. 派发各种宣传资料　　B. 设计费用优惠政策
C. 费率打折　　　　　　D. 基金产品推介会

【答案】B

【解析】在促销策略方面，基金销售机构通常采取多种促销手段与投资者进行交流沟通。除采取报刊广告、网络宣传、电台广告、平面广告、派发各种宣传资料、基金产品推介会、费率打折等常用手段外，产品组合营销以及历史上

存在过的基金拆分、大比例分红等创新型基金促销手段也不断涌现。见于教材153页。

411.（单选题）基金销售机构在销售时的价格策略中的价格调节手段不包括（ ）。

A．对同一基金设计不同的收费结构和结算模式

B．首次认申购客户的费用折扣

C．前端收费模式

D．设计费用优惠政策

【答案】C

【解析】价格调节手段包括首次认购（申购）客户的费用折扣，后端收费模式，对同一基金设计不同的收费结构和结算模式，设计费用优惠政策等。见于教材153页。

第九章
基金销售行为规范及信息管理

本章热题库

本章知识结构图

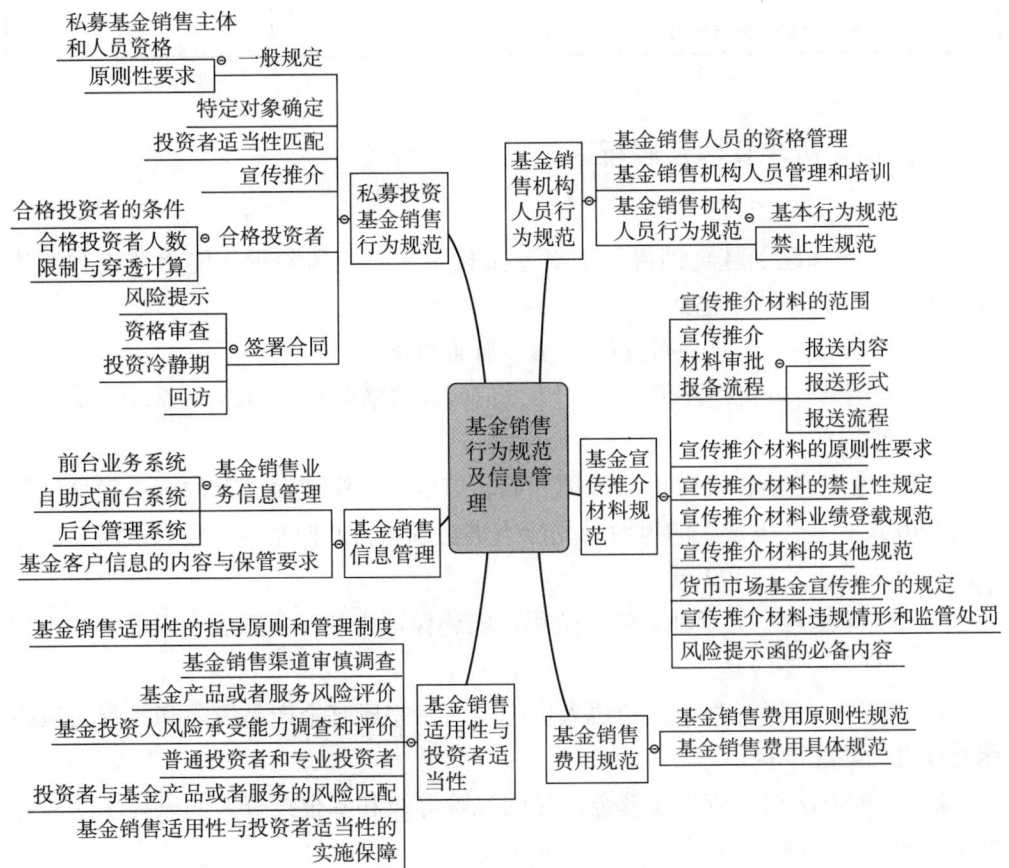

本章重点知识点

掌握 ★★★★★	理解 ★★★☆☆	了解 ★☆☆☆☆
基金销售人员行为规范； 宣传推介材料的原则性要求和禁止性规定； 销售费用内容（原则性规范、费用结构和费率水平）； 销售费用其他规范； 基金销售适用性和投资者适当性的指导原则、管理制度和实施保障； 基金销售适用性和投资者适当性产品风险评价的要求； 基金销售适用性和投资者适当性基金投资人风险承受能力调查和评价的要求； 普通投资者与专业投资者的条件与相互转换； 普通投资者特别保护的内容； 合格投资者人数穿透计算、风险提示、资格审查、投资冷静期、回访等内容	基金销售人员的资格管理、人员管理和培训； 宣传推介材料的范围和报备流程； 宣传推介材料业绩登载规范和其他规范； 货币市场基金宣传的要求； 基金销售适用性和投资者适当性渠道审慎调查的要求； 非公开募集基金的销售行为规范	基金销售业务信息、客户信息和渠道信息管理

本章历年真题及解析

412.（单选题）基金销售机构对基金投资人进行风险承受能力调查和评价时，可以采用的方式不包括（　）。

A．对已有客户信息进行分析　　B．当面调查

C．采用第三方机构评价结果　　D．信函和网络调查（2017年考试涉及）

【答案】C

【解析】基金销售机构可以采用当面、信函、网络或对已有的客户信息进行分析等方式对基金投资人的风险承受能力进行调查，并向基金投资人及时反馈评价的结果。见于教材172页。

413.（单选题）关于基金销售适用性实施保障中的匹配方法，以下表述正确的是（　）。

A．在基金销售过程中，销售人员应当人工完成基金产品风险和投资人风险承受能力的匹配检验

B．匹配方法至少应当在基金产品的风险等级和基金投资人的风险承受能力类型之间建立合理的对应关系

C. 基金销售机构应当制定基金管理人和基金投资人偏好匹配的方法

D. 当基金产品风险超过投资人风险能力的情况时，销售人员应提示投资人重新进行测评（2017年考试涉及）

【答案】B

【解析】A项，在基金销售过程中，由销售业务信息管理平台完成基金产品风险和基金投资人风险承受能力的匹配检验；C项，基金销售机构应当制定基金产品和基金投资人匹配的方法；D项，应该将基金产品风险超越基金投资人风险承受能力的情况定义为风险不匹配。见于教材175页。

414.（单选题）基金销售人员引导客户办理开户、认购等业务手续，不能通过（　　）。

A. 基金销售人员接受客户现金代为办理

B. 代销机构的销售网点

C. 代销机构的网上交易系统

D. 基金管理公司的网上交易系统（2016年考试涉及）

【答案】A

【解析】基金销售人员应当引导投资者到基金管理公司、基金代销机构的销售网点、网上交易系统或其他经监管部门核准的合法渠道办理开户、认购、申购、赎回等业务手续，不得接受投资者的现金，不得以个人名义接受投资者的款项。见于教材158页。

415.（单选题）A公司进行基金销售时，推出名为"胜百八"的年终客户大回馈活动，该活动宣传资料中指出："凡参加活动并将活动信息分享给好友，即可获得相应数量货币基金份额，投资者参加活动的投资收益率最高档可达到8.8%。"对此案例的评析，下列说法错误的是（　　）。

A. 最高可享8.8%年化收益为宣传资料中的不当用语

B. 根据《证券投资基金销售管理办法》相关规定，该公司需改正其宣传资料

C. 基金宣传推介材料不得违规承诺收益或承担损失

D. A公司违反了宣传推介材料关于过往业绩刊登的规范（2016年考试涉及）

【答案】D

【解析】A公司违反了基金宣传推介材料中不得违规承诺收益或者承担损失的规范。见于教材162页。

416.（单选题）基金宣传推介材料可以登载该基金、基金管理人管理的其他基金的过往业绩，但基金合同生效不足（　　）个月的除外。

A. 1　　　B. 6　　　C. 9　　　D. 3（2016年考试涉及）

【答案】B

【解析】基金宣传推介材料可登载该基金、基金管理人管理的其他基金的过

往业绩,但基金合同生效不足 6 个月的除外。见于教材 163 页。

417.(单选题)根据基金销售费用规范的要求,以下叙述正确的是( )。

Ⅰ.基金销售机构应当依据相关法律法规的要求,完善内部控制制度和业务执行系统

Ⅱ.基金销售机构应当健全内部监督和反馈系统,加强后台管理系统对费率的合规控制

Ⅲ.基金销售机构应当强化对分支机构基金销售费用的统一管理和监督

A.Ⅰ、Ⅱ　　　　　　　　　　B.Ⅰ、Ⅲ
C.Ⅱ、Ⅲ　　　　　　　　　　D.Ⅰ、Ⅱ、Ⅲ(2016 年考试涉及)

【答案】D

【解析】基金销售机构应当依据相关法律法规的要求,完善内部控制制度和业务执行系统,健全内部监督和反馈系统,加强后台管理系统对费率的合规控制,强化对分支机构基金销售费用的统一管理和监督。见于教材 168 页。

418.(单选题)以下不属于基金销售适用管理制度范畴的是( )。

A.对基金管理人进行审慎调查

B.对基金投资人风险承受能力进行调查

C.对基金投资人和基金公司进行合理匹配

D.对基金产品的风险等级进行设置(2016 年考试涉及)

【答案】C

【解析】基金销售机构应当建立基金销售适用性管理制度,至少包括以下内容:①对基金管理人进行审慎调查的方式和方法;②对基金产品的风险等级进行设置、对基金产品进行风险评价的方式和方法;③对基金投资人风险承受能力进行调查和评价的方式和方法;④对基金产品和基金投资人进行匹配的方法。见于教材 170 页。

419.(单选题)基金销售机构对所代销的股票型基金进行风险评价的主要依据是( )。

Ⅰ.基金的托管人;Ⅱ.基金的历史业绩;Ⅲ.基金净值的波动率;Ⅳ.基金的投资范围

A.Ⅱ、Ⅲ、Ⅳ　　　　　　　　B.Ⅰ、Ⅱ、Ⅲ
C.Ⅰ、Ⅲ、Ⅳ　　　　　　　　D.Ⅰ、Ⅱ、Ⅲ、Ⅳ(2016 年考试涉及)

【答案】A

【解析】基金产品风险评价应当至少依据以下四个因素:一是基金招募说明书所明示的投资方向、投资范围和投资比例;二是基金的历史规模和持仓比例;三是基金的过往业绩及基金净值的历史波动程度;四是基金成立以来有无违规行为发生。同时综合考虑流动性、到期时限、杠杆情况、结构复杂性、投资最低金额、募集方式等因素。见于教材 171 页。

420．（单选题）基金销售机构中必须取得基金从业资格的人员是（　　）。

A．销售机构的管理人员

B．从事基金理财业务咨询的人员

C．总部从事基金宣传推介的人员

D．基金研究分析人员（2015年考试涉及）

【答案】A

【解析】负责基金销售业务的管理人员需取得基金从业资格。证券公司总部及营业网点，商业银行总行、各级分行及营业网点，专业基金销售机构、证券投资咨询机构总部及营业网点从事基金宣传推介、基金理财业务咨询等活动的人员应取得基金销售业务资格。见于教材156页。

421．（单选题）对通过中国基金业协会资质考核并获得基金销售资格的基金销售人员，基金销售机构不需要为其统一办理（　　）。

A．后续培训　　　　　　B．执业注册

C．从业证书　　　　　　D．执业年检（2015年考试涉及）

【答案】C

【解析】基金销售机构应该建立科学的聘用、培训、考评、晋升、淘汰等人力资源管理制度，确保基金销售人员具备与岗位要求相适应的职业操守和专业胜任能力。基金销售机构对于通过基金业协会资质考核并获得基金销售资格的基金销售人员，统一办理执业注册、后续培训和执业年检。见于教材157页。

422．（单选题）基金管理人应当按照（　　）的约定，向投资人收取销售费用。

A．基金销售协议　　　　B．理财服务协议

C．基金合同　　　　　　D．基金资产托管协议（2015年考试涉及）

【答案】C

【解析】基金销售人员在向投资者办理基金销售业务时，应当按照基金合同、招募说明书和发行公告等销售法律文件的规定代扣或收取相关费用，不得收取其他额外费用，也不得对不同投资者违规收取不同费率的费用。见于教材159页。

423．（单选题）关于基金费用的表述，错误的是（　　）。

A．持有不同期限的基金份额适用不同的费率标准

B．不同类型的基金适用不同的费率标准

C．机构投资者和个人投资者适用不同的费率标准

D．可根据购买基金金额的不同适用不同的费率标准（2015年考试涉及）

【答案】C

【解析】基金销售机构应当按照基金合同和招募说明书的约定向投资人收取销售费用。未经招募说明书载明并公告，不得对不同投资人适用不同费率。见于教材168页。

424.（单选题）根据基金销售适用性原则，应对（　　）做出评价。
A．基金管理人、基金销售机构、基金经理
B．基金管理人、基金产品、基金投资人
C．基金投资人、基金经理、基金投资策略
D．基金管理人、基金托管人、基金销售机构（2015年考试涉及）
【答案】B
【解析】基金销售机构应当将基金销售适用性作为内部控制的组成部分，将基金销售适用性贯穿于基金销售的各个业务环节，对基金管理人（或产品发起人）、基金产品（或基金相关产品）和基金投资人都要了解并做出评价。见于教材170页。

本章模拟题及解析

425.（单选题）基金销售机构对于通过基金业协会资质并获得基金销售资格的基金销售人员，将会（　　）。
A．后续培训　　　　　　　B．办理执业注册
C．执业年检　　　　　　　D．以上全部
【答案】D
【解析】基金销售机构对于通过基金也协会资质并获得基金销售资格的基金销售人员，将会统一办理执业注册、后续培训、执业年检。见于教材157页。

426.（单选题）基金销售机构人员管理和培训应符合（　　）的相关要求。
A．证券行业自律机构　　　B．期货行业自律机构
C．银行行业自律机构　　　D．基金行业自律机构
【答案】D
【解析】基金销售机构应建立员工培训制度，通过培训、考试等方式，确保员工理解和掌握相关法律法规和规章制度。员工培训应符合基金行业自律机构的相关要求，培训情况应记录并存档。见于教材157页。

427.（单选题）A公司对基金销售人员的销售业绩实行多销售多奖励、少销售少奖励的机制，从而调动员工的销售的积极性和主动性，这属于基金销售机构人员管理和培训中的（　　）。
A．完善销售人员招聘程序
B．建立员工培训制度
C．加强对销售人员的日常管理
D．建立科学合理的销售绩效评价体系
【答案】D

【解析】公司对基金销售人员的销售业绩实行多销售多奖励、少销售少奖励的机制属于基金销售机构人员管理和培训中的销售绩效评价体系的内容。基金销售机构应当建立科学合理的销售绩效评价体系，健全激励、约束机制。见于教材157页。

428．（单选题）基金销售人员在与投资者交往中应（　　）。

A．语言及行为文明礼貌　　B．稳重大方

C．热情诚恳　　D．以上全部

【答案】D

【解析】基金销售人员在与投资者交往中应热情诚恳、稳重大方、语言及行为文明礼貌。见于教材157页。

429．（单选题）下列关于基金销售人员基本行为规范的表述，不正确的是（　　）。

A．基金销售人员在向投资者进行基金宣传推介和销售服务时，应公平对待投资者

B．基金销售人员应根据投资者的目标和风险承受能力推荐基金品种，并客观介绍基金的风险收益特征

C．基金销售人员应当自觉避免个人及其所在机构的利益与投资者的利益冲突

D．基金销售人员可以根据过往业绩预测所推介基金的未来业绩

【答案】D

【解析】基金销售人员在陈述所推介基金或同一基金管理人管理的其他基金的过往业绩时，应当客观、全面、准确，同时提供业绩信息的原始出处，不得片面夸大过往业绩，也不得预测所推介基金的未来业绩。见于教材158页。

430．（单选题）基金销售人员在为投资者办理基金开户手续时，应注意的事项包括（　　）。

Ⅰ．有效识别投资者身份；Ⅱ．公平对待投资者；

Ⅲ．向投资者介绍基金销售业务流程；Ⅳ．了解投资者的投资目标。

A．Ⅰ、Ⅲ　　B．Ⅱ、Ⅲ

C．Ⅰ、Ⅲ、Ⅳ　　D．Ⅰ、Ⅱ、Ⅲ、Ⅳ

【答案】C

【解析】基金销售人员在为投资者办理基金开户手续时，应注意如下事项：①有效识别投资者身份；②向投资者提供"投资人权益须知"；③向投资者介绍基金销售业务流程、收费标准及方式、投诉渠道等；④了解投资者的投资目标、风险承受能力、投资期限和流动性的要求。见于教材158页。

431．（单选题）基金销售机构人员在销售基金时，不正确的行为是（　　）。

A．介绍投资人想要了解的基金产品情况

B. 进行基金投资人风险承受能力调查

C. 向投资人承诺收益

D. 根据投资者的风险偏好，推荐适合其投资的基金产品

【答案】C

【解析】在基金销售机构人员行为规范中，禁止性情形有：违规对投资者做出盈亏承诺，或与投资者以口头或书面形式约定利益分成或亏损分担。见于教材159页。

432．（单选题）下列属于基金宣传推介材料的是（　　）。

A．公开出版资料　　　　B．电视、电影、广播资料

C．海报、户外广告　　　D．以上全部都是

【答案】D

【解析】基金宣传推介材料包括以下几类：①公开出版资料；②宣传单、手册、信函、传真、非指定信息披露媒体上刊发的与基金销售相关的公告等面向公众的宣传资料；③海报、户外广告；④电视、电影、广播、互联网资料、公共网站链接广告、短信及其他音像、通信资料；⑤通过报眼及报花广告、公共网站链接广告、传真、短信、非指定信息披露媒体上刊发的与基金分红、销售相关的公告等可以使公众普遍获得的、带有广告性质的基金销售信息；⑥中国证监会规定的其他材料。见于教材160页。

433．（单选题）根据《证券投资基金销售管理办法》的有关规定，下列有关基金管理公司和代销机构加强基金销售活动内部控制的论述中，错误的是（　　）。

A．相关高管人员对基金宣传推介材料进行检查并出具合规性意见书

B．基金公司定期监察稽核基金销售活动的情况，并在监察稽核季度报告中做专项说明

C．基金代销机构可自行印制基金宣传推介资料

D．自基金募集行为结束之日起10日内编制专项稽核报告，予以存档备查

【答案】C

【解析】基金销售机构的基金宣传推介材料，应事先经基金销售机构负责基金销售业务和合规的高级管理人员检查，出具合规意见书，并自向公众分发或发布之日起5个工作日内报工商注册登记所在地中国证监会派出机构备案。见于教材161页。

434．（单选题）基金管理人的基金宣传推介材料的报送形式是（　　）。

A．书面报告　　　　　　B．电子文档

C．书面报告附电子文档　D．书面报告或电子文档

【答案】C

【解析】基金管理人的基金宣传推介材料以书面报告的形式报送基金管理公司或基金代销机构主要办公场所所在地证监局，报证监局时应随附电子文档。见

于教材 161 页。

435．（单选题）基金的宣传推介资料中，符合法律法规相关要求的是（　　）。

A．登载完整的风险提示函

B．使用"净值归一"等表述

C．使用"坐享财富增长"的表述

D．预测基金的证券投资业绩

【答案】A

【解析】使用"净值归一"等误导基金投资人的表述，使用"坐享财富增长""安心享受成长""尽享牛市"等易使基金投资人忽视风险的表述，预测基金的证券投资业绩全部属于基金宣传推介材料的禁止性规定。见于教材 162 页。

436．（单选题）下列关于宣传推介材料的说法，不正确的是（　　）。

A．严禁违规承诺收益或者承担损失

B．严禁虚假记载、误导性陈述或者重大遗漏

C．预测基金的投资业绩，有效帮助投资者了解基金具体情况。

D．严禁夸大或者片面宣传基金

【答案】C

【解析】宣传推介材料的禁止性规定明确表示，严禁预测基金的投资业绩。见于教材 162 页。

437．（单选题）基金宣传推介材料登载过往业绩，基金合同生效 10 年以上的，应当登载最近（　　）个完整会计年度的业绩。

A．5　　　　B．3　　　　C．8　　　　D．10

【答案】D

【解析】基金宣传推介材料登载过往业绩的，需符合：①基金合同生效 6 个月以上但不满 1 年的，应当登载从合同生效之日起计算的业绩；②基金合同生效 1 年以上但不满 10 年的，应当登载自合同生效当年开始所有完整会计年度的业绩，宣传推介材料公布日在下半年的，还应当登载当年上半年度的业绩；③基金合同生效 10 年以上的，应当登载最近 10 个完整会计年度的业绩；④业绩登载期间基金合同中投资目标、投资范围和投资策略发生改变的，应当予以特别说明。见于教材 163 页。

438．（单选题）2013 年 1 月，甲基金公司宣传新推出的乙基金产品。5 月，监管机构例行检查时发现甲基金公司未向监管部门报送该批次宣传推介材料，且在检查中发现相关推介材料登载了其他基金过往业绩但是未注明数据的出处。对此案例的评析，下列说法错误的是（　　）。

A．基金宣传推介材料，应事先经负责基金销售业务的高级管理人员和督察长检查，出具合规意见书

B．甲基金公司刊登的业绩引用的统计数据和资料只要真实，无须注明出处

C. 甲基金公司刊登的业绩引用的统计数据和资料应当真实、准确，并注明出处

D. 基金宣传推介材料，应自向公众分发或者发布之日起5个工作日内向主要经营活动所在地中国证监会派出机构备案

【答案】B

【解析】甲基金公司违反了宣传推介材料关于业绩刊登的规范。按照要求，甲基金公司刊登的业绩引用的统计数据和资料应当真实、准确，并注明出处，不得引用未经核实、尚未发生或者模拟的数据。见于教材164页。

439.（单选题）下列关于基金宣传推介材料的表述不正确的是（　　）。

A. 基金宣传材料中推介保本基金的，应说明保本基金在极端情况下仍然存在本金损失的风险

B. 电影、公共网站链接等形式的宣传推介材料应当包括为时至少5秒钟的影像显示，提示投资人注意风险并参考该基金的销售文件

C. 宣传推介材料提及基金评价机构评价结果的，应当符合该基金评价机构关于基金评价结果引用的相关规范

D. 宣传推介材料应当含有明确、醒目的风险提示和警示性文字

【答案】C

【解析】基金宣传推介材料提及基金评价机构评价结果的，应当符合中国证监会关于基金评价结果引用的相关规范，并应当列明基金评价机构的名称及评价日期。见于教材164页。

440.（单选题）电视、电影、互联网资料、公共网站链接形式的宣传推介材料应当包括为时至少（　　）秒钟的影像显示，提示投资人注意风险并参考该基金的销售文件。

A. 5　　　　B. 7　　　　C. 10　　　　D. 15

【答案】A

【解析】电视、电影、互联网资料、公共网站链接形式的宣传推介材料应当包括为时至少5秒钟的影像显示，提示投资人注意风险并参考该基金的销售文件。见于教材164页。

441.（单选题）对直接负责的基金管理公司高级管理人员的行政监管处罚措施不包括（　　）。

A. 记入人事档案　　　　B. 出具警示函
C. 监管谈话　　　　　　D. 暂停履行职务

【答案】A

【解析】对直接负责的基金管理公司或基金代销机构高级管理人员及其他直接责任人员，采取监管谈话、出具警示函、记入诚信档案、暂停履行职务、认定为不适宜担任相关职务者等行政监管措施，或建议公司和机构免除有关高管人员的职务。见于教材166页。

442．（单选题）开放式基金所特有的风险是（　　）。

A．合规风险　　　　　　　B．技术风险

C．巨额赎回风险　　　　　D．基金自身的管理风险

【答案】C

【解析】巨额赎回风险是开放式基金所特有的一种风险。见于教材166页。

443．（单选题）证券投资基金是一种（　　）投资工具，其主要功能是（　　）投资，（　　）投资单一证券所带来的个别风险。

A．短期；集中；降低　　　B．长期；分散；降低

C．短期；分散；提高　　　D．长期；集中；提高

【答案】B

【解析】证券投资基金是一种长期投资工具，其主要功能是分散投资，降低投资单一证券所带来的个别风险。见于教材166页。

444．（单选题）定期定额投资是引导投资人进行长期投资、平均投资成本的一种（　　）的投资方式。

A．操作复杂　　　　　　　B．完全能够规避基金投资所固有的风险

C．简单易行　　　　　　　D．保证投资人一定获得收益

【答案】C

【解析】定期定额投资是引导投资人进行长期投资、平均投资成本的一种简单易行的投资方式。见于教材167页。

445．（单选题）以下关于基金销售费用的说法，正确的是（　　）。

A．应在招募说明书中载明费率标准

B．代销机构可以向投资人收取基金合同未约定的手续费用

C．基金的申购费必须在申购时收取

D．对持续持有期少于30日的投资人收取赎回费的，在扣除手续费后，余额可归入风险准备金

【答案】A

【解析】B项，基金销售机构应按基金合同和招募说明书的约定向投资人收取销售费用，未经招募说明书载明并公告，不得对不同投资人适用不同费率；C项，认购费与申购费可采用在基金份额发售或者申购时收取的前端收费方式，也可采用在赎回时从赎回金额中扣除的后端收费方式；D项，收取销售服务费的，于对持续持有期少于30日的投资人收取不低于0.5%的赎回费，并将上述赎回费全额计入基金财产。见于教材168页。

446．（单选题）基金销售机构人员在销售基金时，不正确的行为是（　　）。

A．募集期间对认购费打折

B．根据投资者的风险偏好，推荐适合其投资的基金产品

C．进行基金投资人风险承受能力调查

D．介绍投资人想要了解的基金产品情况

【答案】A

【解析】基金销售机构在基金销售活动中，不得有下列行为：①在签订销售协议或销售基金的活动中进行商业贿赂；②以排挤竞争对手为目的，压低基金的收费水平；③未经公告擅自变更向基金投资人的收费项目或收费标准，或通过先收后返、财务处理等方式变相降低收费标准；④采取抽奖、回扣或者送实物、保险、基金份额等方式销售基金；⑤其他违反法律、行政法规的规定，扰乱行业竞争秩序的行为。见于教材168页。

447．（单选题）基金管理人应当在每季度的监察稽核报告中列明基金销售费用的具体支付项目和使用情况以及从（　　）中支付的客户维护费总额。

A．基金管理费　　　　　　B．基金托管费
C．基金交易费用　　　　　D．基金运作费用

【答案】A

【解析】根据基金销售费用其他规范，基金管理人应当在每季度的监察稽核报告中列明基金销售费用的具体支付项目和使用情况以及从管理费中支付的客户维护费总额。见于教材169页。

448．（单选题）下列各项中（　　）不属于基金销售机构在实施基金销售适应性的过程中应当遵循的原则。

A．投资人利益优先原则　　B．全面性原则
C．主观性原则　　　　　　D．及时性原则

【答案】C

【解析】基金销售机构在实施基金销售适用性的过程中应当遵循以下原则：①投资人利益优先原则；②全面性原则；③客观性原则；④及时性原则。见于教材170页。

449．（单选题）根据基金销售适用性要求，不属于基金销售机构推介基金管理人重要依据的是（　　）。

A．投资管理能力　　　　　B．内部控制情况
C．股东背景　　　　　　　D．经营管理能力

【答案】C

【解析】基金销售的适用性要求基金代销机构通过对基金管理人进行审慎调查，了解基金管理人的诚信状况、经营管理能力、投资管理能力和内部控制情况，并可将调查结果作为是否代销该基金管理人的基金产品或是否向基金投资人优先推介该基金管理人的重要依据。见于教材170页。

450．（单选题）基金管理人通过对基金代销机构进行审慎调查，需要了解的情况不包括（　　）。

A．基金代销机构的内部控制情况

B. 基金代销机构的信息管理平台建设
C. 基金代销机构的账户管理制度
D. 基金代销机构的人员管理制度

【答案】D

【解析】基金管理人通过对基金代销机构进行审慎调查，了解基金代销机构的内部控制情况、信息管理平台建设、账户管理制度、销售人员能力和持续营销能力，并可将调查结果作为选择基金代销机构的重要依据。见于教材170页。

451．（单选题）依据适用性原则，基金销售机构向基金投资人推介基金产品的重要依据是（　）。

A．基金管理人的风险控制能力
B．基金产品风险评价结果
C．基金经理的过往业绩
D．基金销售机构的营销计划

【答案】B

【解析】对基金产品的风险评价，可以由基金销售机构的特定部门完成，也可以由第三方的基金评级与评价机构提供。由基金评级与评价机构提供基金产品风险评价服务的，基金销售机构应当要求服务方提供基金产品风险评价方法及其说明，基金产品风险评价结果应当作为基金销售机构向基金投资人推介基金产品的重要依据。见于教材171页。

452．（单选题）对基金投资人进行风险承受能力调查，应当从调查结果中至少了解到基金投资人的情况包括（　）。

A．投资目的　　　　　　B．投资期限
C．投资经验　　　　　　D．以上全部都是

【答案】D

【解析】对基金投资人进行风险承受能力调查，应当从调查结果中至少了解到基金投资人的以下情况：投资目的，投资期限，投资经验，财务状况，短期风险承受水平，长期风险承受水平。见于教材172页。

453．（单选题）基金销售机构（　）应当负责制定与基金销售适用性相关的制度和程序，建立销售的基金产品池，在销售业务信息管理平台中建设并维护与基金销售适用性相关的功能模块。

A．总部　　　B．分部　　　C．营销团队　　　D．营销经理

【答案】A

【解析】这些职责都应由基金销售机构总部承担。见于教材177页。

454．（单选题）基金销售机构应当通过（　）来保障基金销售适用性在基金销售各个业务环节的实施。

A．内部控制　B．内部监督　C．外部控制　　D．外部监督

【答案】A

【解析】基金销售机构应当通过内部控制保障基金销售适用性在基金销售各个业务环节的实施。见于教材177页。

455.（单选题）基金销售业务信息管理平台的建立和维护应当遵循（　）的原则。

A．安全性　　　B．实用性　　　C．系统化　　　D．以上全部都是

【答案】D

【解析】基金销售业务信息管理平台的建立和维护应当遵循安全性、实用性、系统化的原则。见于教材178页。

456.（单选题）下列关于基金销售业务信息管理平台的表述，不正确的是（　）。

A．信息管理平台的建立和维护应当遵循安全性、实用性、系统化的原则

B．后台管理系统直接面对基金投资人

C．自助式前台系统应当对基金投资人自助服务的操作具有核实身份的功能

D．后台管理系统功能应当限制在基金销售机构内部使用

【答案】B

【解析】前台业务系统主要是指直接面对基金投资人，或者与基金投资人的交易活动直接相关的应用系统，后台管理系统实现对前台业务系统功能的数据支持和集中管理。见于教材178页。

457.（单选题）基金销售后台业务系统基本功能不包括（　）。

A．提供交易清算、资金处理的功能

B．提供基金产品信息

C．提供基金管理人信息

D．基金投资人风险承担能力调查

【答案】D

【解析】基金后台管理系统应当符合以下要求：①能够记录基金销售机构、基金销售分支机构、网点和基金销售人员的相关信息，具有对基金销售分支机构、网点和基金销售人员的管理、考核、行为监控等功能；②能够记录和管理基金风险评价、基金管理人与基金产品信息、投资资讯等相关信息；③对基金交易开放时间以外收到的交易申请进行正确的处理，防止发生基金投资人盘后交易的行为；④具备交易清算、资金处理的功能，以便完成与基金注册登记系统、银行系统的数据交换；⑤具有对所涉及的信息流和资金流进行对账作业的功能。见于教材179页。

458.（单选题）在基金销售机构网点现场自助系统和通过互联网、电话、移动通信等非现场方式实现的自助系统，属于（　）。

A．自助式前台系统　　　　B．辅助式前台系统

C．后台管理系统　　　　　D．应用系统的支持系统

【答案】A

【解析】自助式前台系统，是指基金销售机构提供的，由基金投资人独自完成业务操作的应用系统，包括基金销售机构网点现场自助系统和通过互联网、电话、移动通信等非现场方式实现的自助系统。见于教材179页。

459．（单选题）在基金经营机构的客户信息的内容中，客户账户信息不包括（　　）。

A．账户开立时间　　　　　B．账户余额
C．账户交易情况　　　　　D．每笔交易的数据信息

【答案】D

【解析】基金经营机构的客户信息主要分为两类，分别是：①客户账户信息，包括账号、账户开立时间、开户行、账户余额、账户交易情况等；②客户交易记录信息，包括关于每笔交易的数据信息、业务凭证、账簿以及有关规定要求的反映交易真实情况的合同、业务凭证、单据、业务函件和其他资料。见于教材180页。

460．（单选题）基金经营机构应妥善保存交易时段客户交易区的监控录像资料，保存期限不得少于（　　）个月。

A．1　　　　B．3　　　　C．6　　　　D．12

【答案】C

【解析】证券期货经营机构应妥善保存交易时段客户交易区的监控录像资料，保存期限不得少于6个月。见于教材181页。

461．（单选题）私募基金募集应当履行的程序不包括（　　）。

A．特定对象确定　　　　　B．投资者推荐
C．投资冷静期　　　　　　D．基金风险揭示

【答案】B

【解析】私募基金募集应当履行下列程序：①特定对象确定；②投资者适当性匹配；③基金风险揭示；④合格投资者确认；⑤投资冷静期；⑥回访确认。见于教材184页。

462．（单选题）募集机构的问卷调查主要内容不包括（　　）。

A．投资者爱好　　　　　　B．投资知识
C．风险偏好　　　　　　　D．投资经验

【答案】A

【解析】问卷调查主要内容应包括但不限于以下方面：①投资者基本信息；②财务状况；③投资知识；④投资经验；⑤风险偏好。见于教材184页。

463．（单选题）风险揭示书的内容不包括（　　）。

A．私募基金的特殊风险

B. 私募基金的一般风险

C. 私募基金的一般收益

D. 投资者对基金合同中投资者权益相关重要条款的逐项确认

【答案】C

【解析】风险揭示书的内容包括但不限于：①私募基金的特殊风险，包括基金合同与中国基金业协会合同指引不一致所涉风险、基金未托管所涉风险、基金委托募集所涉风险、外包事项所涉风险、聘请投资顾问所涉风险、未在中国基金业协会登记备案的风险等；②私募基金的一般风险，包括资金损失风险、基金运营风险、流动性风险、募集失败风险、投资标的的风险、税收风险等；③投资者对基金合同中投资者权益相关重要条款的逐项确认，包括当事人权利与义务、费用及税收、纠纷解决方式等。见于教材188页。

464.（单选题）基金合同应当约定给投资者设置不少于（　　）的投资冷静期。

A. 24小时　　B. 48小时　　C. 72小时　　D. 1周

【答案】A

【解析】基金合同应当约定给投资者设置不少于24小时的投资冷静期，募集机构在投资冷静期内不得主动联系投资者。见于教材188页。

第十章 基金客户服务

本章热题库

本章知识结构图

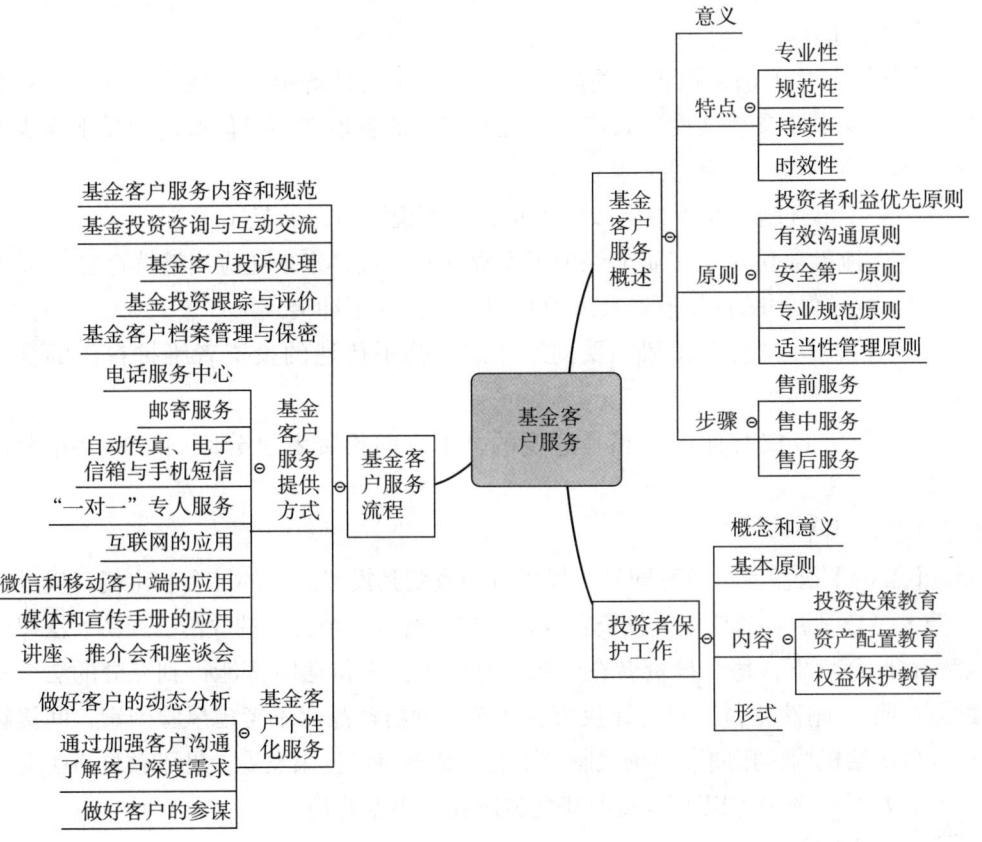

本章重点知识点

掌握 ★★★★★	理解 ★★★☆☆	了解 ★☆☆☆☆
	客户服务流程； 投资者保护工作的概念、意义和基本原则； 投资者教育工作的内容和形式	基金客户服务的特点、原则、内容

本章历年真题及解析

465.（单选题）关于基金销售相关数据的保存，正确的是（　　）。

A．每周备份，异地库房妥善保管

B．每天备份，公司库房妥善保管

C．每周备份，公司库房妥善保管

D．每天备份，异地库房妥善保管（2017年考试涉及）

【答案】D

【解析】对于基金销售相关数据的保存，应逐日备份并异地妥善存放，对系统运行数据中涉及基金投资人信息和交易记录的备份在不可修改的介质上至少保存15年。见于教材199页。

466.（单选题）关于投资权益保护，以下说法错误的是（　　）。

A．"刚性兑付"从实质上保护了投资者的利益，未来还应当继续存在

B．权益保护教育与投资者风险自担的原则并不冲突

C．权益保护教育有利于受到欺诈或不公平待遇的投资者维护自己的合法权益

D．投资者权益保护应当是适度的，不宜向投资者过分倾斜（2017年考试涉及）

【答案】A

【解析】权益保护教育即号召投资者为改变其投资决策的社会和市场环境进行主动参与与保护自身权益。投资者权益保护是营造一个公正的政治、经济、法律环境，在此环境下，每个投资者在受到欺诈或不公平待遇时都能得到充分的法律救助。A项，"刚性兑付"容易让投资者在选择理财产品时不考虑风险因素，间接将风险转嫁给机构，扭曲了市场机制，不利于金融市场健康发展。见于教材204页。

467.（单选题）以下不属于基金客户服务特点的是（　　）。

A．时效性　　　　　　　　　B．客观性

C. 专业性　　　　　　　　D. 持续性（2016年考试涉及）

【答案】B

【解析】基金客户服务是指基金销售机构或人员为解决客户有关问题而提供的系列活动。基金客户服务具有以下四个特点：①专业性；②规范性；③持续性；④时效性。见于教材192页。

468.（单选题）基金客户服务的宗旨是（　　）。

A. 客户永远是第一位　　　B. 有效沟通
C. 安全第一性　　　　　　D. 获得双赢（2016年考试涉及）

【答案】A

【解析】基金客户服务的宗旨是"客户永远是第一位"，从客户的实际需求出发，为客户提供真正有价值的服务，帮助客户更好地使用产品。见于教材193页。

469.（单选题）关于基金销售机构与投资者的互动交流，以下说法错误的是（　　）。

A. 深入了解客户需求，确定和记录客户服务标准

B. 及时向客户传递重要市场资讯，向客户积极推荐基金产品近期在投资操作的股票

C. 进行电话回访，改善客户体验

D. 做好客户服务日志及客户资料的更新、完备（2016年考试涉及）

【答案】B

【解析】基金销售机构与投资者互动交流的内容包括：①深入了解客户的投资需求，确定和记录客户服务标准；②及时向客户传递重要的市场资讯、持仓品种信息及最新的投资报告；③做好客户服务日志及客户资料的更新、完备工作；④拟定、组织、实施及评估年（季、月）度客户关怀计划；⑤进行公司所有新客户的首次和定期电话回访工作，改善客户体验，提升满意度；⑥做好客户回访日志，记录并处理潜在风险隐患、客户建议及意见；⑦及时接听外部客户的呼入电话、公司客户中心转接及投资顾问转入的电话，并做好电话咨询日志。见于教材197页。

470.（单选题）投资者教育概念的范畴包括（　　）。

Ⅰ. 向投资者宣传普及证券投资知识；Ⅱ. 培养有关投资技能；
Ⅲ. 告知投资者的权利和保护途径；Ⅳ. 提示相关的投资风险

A. Ⅰ、Ⅱ、Ⅳ　　　　　　B. Ⅱ、Ⅲ、Ⅳ
C. Ⅰ、Ⅱ、Ⅲ　　　　　　D. Ⅰ、Ⅱ、Ⅲ、Ⅳ（2016年考试涉及）

【答案】D

【解析】投资者保护，是指针对个人投资者所进行的有目的、有计划、有组织地传播有关投资知识，传授有关投资经验，培养有关投资技能，倡导理性的投

资观念,提示相关的投资风险,告知投资者的权利和保护途径,提高投资者素质的一项系统的社会活动。见于教材 202 页。

471.(单选题)参考国际证监会的基本原则,下列描述错误的是( )。

A. 投资者教育是对市场参与者监管的替代

B. 投资者教育没有固定形式

C. 不存在广泛适用的投资者教育计划

D. 投资者教育应有助于监管者保护投资者(2016 年考试涉及)

【答案】A

【解析】投资者教育的基本原则有:①投资者教育应有助于监管者保护投资者;②投资者教育不应被视为是对市场参与者监管工作的替代;③证券经营机构应当承担各项产品和服务的投资者教育义务,将投资者教育纳入各业务环节;④投资者教育没有一个固定的模式;⑤鉴于投资者的市场经验和投资行为成熟度的层次不一,因此并不存在广泛适用的投资者教育计划;⑥投资者教育不能也不应等同于投资咨询。见于教材 203 页。

472.(单选题)基金销售机构在制定投资者教育策略时,首先应考虑( )。

A. 预测证券市场走势

B. 寻找确保本金安全的投资策略

C. 普及证券市场知识和宣传证券市场法规

D. 选择高收益投资产品(2016 年考试涉及)

【答案】C

【解析】目前,各国投资者教育机构在制定投资者教育策略时,都首先致力于普及证券市场知识和宣传证券市场法规。见于教材 204 页。

473.(单选题)属于基金客户服务原则的是( )。

A. 适度服务   B. 安全第一

C. 本金安全   D. 追求收益(2015 年考试涉及)

【答案】B

【解析】基金客户服务的原则包括:①客户至上原则;②有效沟通原则;③安全第一原则;④专业规范原则。见于教材 193 页。

474.(单选题)客户服务是基金营销的重要组成部分,下列不属于客户服务的是( )。

A. 在发行新基金时群发手机短信以广而告之新基金发行的信息

B. 向基金持有人解答各类疑问

C. 通过电视向基金投资者传输正确的投资理念

D. 向基金持有人邮寄投资策略报告(2015 年考试涉及)

【答案】A

【解析】群发新基金发行的信息属于基金宣传推介材料,是基金销售业务范畴。见于教材 194 页。

475．（单选题）基金投资者教育活动的内容不包括（　　）。

A．投资者维权　　　　　B．风险提示

C．投资咨询　　　　　　D．风险教育（2015 年考试涉及）

【答案】C

【解析】投资者教育主要包含三方面的内容：①投资决策教育；②资产配置教育；③权益保护教育。针对投资者进行的风险教育、风险提示以及为投资者维权提供的有关服务，已经成为各国开展投资者教育的重要内容。见于教材 203 页。

本章模拟题及解析

476．（单选题）基金客户服务是一项专业性很强的服务，要求服务人员具有金融知识基础和各类基金产品的（　　）知识。

A．专业　　　B．销售　　　C．管理　　　D．投资

【答案】A

【解析】基金客户服务是一项专业性很强的服务，要求服务人员除了具有金融知识基础外，还需要深入掌握各类基金产品的相关专业知识。见于教材 192 页。

477．（单选题）客户服务人员应站在客户的角度，理解客户。在出现分歧时，急客户之所急，耐心细致地与客户沟通好具体细节，不能臆测客户需求。这体现了基金客户服务（　　）的原则。

A．客户至上

B．有效沟通

C．安全第一

D．专业规范

【答案】B

【解析】有效沟通原则要求，每一位客户服务人员都应站在客户的角度，理解客户，尊重客户，一切为客户着想，为客户提供高品质、高效率的服务。出现分歧时，更要急客户之所急，耐心细致地与客户沟通好具体细节，不能臆测客户需求，切忌草率行事。见于教材 193 页。

478．（单选题）基金客户服务的宗旨体现的核心服务理念不包括（　　）。

A．良好的客服形象　　　B．良好的技术

C．良好的效率　　　　　D．良好的品牌

【答案】C

【解析】基金客户服务的宗旨是"投资者利益优先",从客户的实际需求出发,为客户提供真正有价值的服务,帮助客户更好地使用产品。这一宗旨体现了"良好的客服形象、良好的技术、良好的客户关系、良好的品牌"的核心服务理念,要求基金销售机构建立最专业的服务队伍,及时和全方位地关注客户的每一项服务需求,并通过提供广泛、全面和快捷的服务,使客户体验到无处不在的满意和可信赖的贴心感受。见于教材193页。

479.(单选题)下列属于客户在基金投资操作过程中享受的服务的是(   )。
　　A.定期提供产品净值信息
　　B.提醒客户及时核对交易确认
　　C.介绍基金管理人投资运作情况,让客户充分了解基金投资的特点
　　D.推介符合适用性原则的基金
【答案】D
【解析】售中服务是指客户在基金投资操作过程中享受的服务主要包括:①协助客户完成风险承受能力测试并细致解释测试结果;②推介符合适用性原则的基金;③介绍基金产品;④协助客户办理开立账户、申购、赎回、资料变更等基金业务。见于教材194页。

480.(单选题)售前服务不包括(   )。
　　A.介绍证券市场基础知识　　B.介绍基金基础知识
　　C.介绍基金产品　　　　　　D.介绍基金管理人投资运作情况
【答案】C
【解析】售前服务是指在开始基金投资操作前为客户提供的各项服务,主要包括:介绍证券市场基础知识、基金基础知识,普及基金相关法律知识;介绍基金管理人投资运作情况,让客户充分了解基金投资的特点;开展投资者风险教育。C项介绍基金产品属于售中服务。见于教材194页。

481.(单选题)基金客户服务流程不包括(   )。
　　A.服务宣传与推介　　　　　B.投资咨询与基金咨询
　　C.投资跟踪与评价　　　　　D.公布基金招募说明书
【答案】D
【解析】基金客户服务流程包括:服务宣传与推介、投资咨询与基金咨询、互动交流、受理投诉、投资跟踪与评价、客户档案管理与保密。见于教材195页。

482.(单选题)A证券公司营业部理财经理给客户群发的基金新产品推介短信如下:"××基金公司的债券型基金产品'红利来一号',预期年化收益率6%,是目前市场上最好的理财产品,份额有限,欲购从速,近期购买者还能参加积分换礼活动"。下列对案例的评析,错误的是(   )。
　　A.推介短信中,"参加积分换礼活动"是基金销售机构可以采取的基金销售

形式

　　B. 推介短信中，"份额有限，欲购从速"的表述不合理

　　C. 推介短信中，"近期购买者还能参加积分换礼活动"的表述不合理

　　D. 推介短信中，"目前市场上最好的理财产"的表述不合理

【答案】A

【解析】《证券投资基金销售管理办法》规定，基金销售机构从事基金销售活动不得采取抽奖、回扣或者送实物、保险、基金份额等方式销售基金。另外，基金宣传推介材料所使用的语言表述应当准确清晰，应当特别注意：在缺乏足够证据支持的情况下，不得使用"业绩稳健""业绩优良""首只""最大""最好""最强""唯一"等表述；不得使用"欲购从速""申购良机"等片面强调集中营销时间限制的表述。见于教材196页。

483．（单选题）互动交流是基金销售机构与投资者深入探讨的重要方式，其交流内容主要是（　　）。

　　A. 深入了解客户的投资需求，确定和记录客户服务标准

　　B. 做好客户服务日志及客户资料的更新、完备工作

　　C. 拟定、组织、实施及评估年（季、月）度客户关怀计划

　　D. 以上全部都是

【答案】D

【解析】互动交流是基金销售机构与投资者深入探讨的重要方式，其交流内容如下：①深入了解客户的投资需求，确定和记录客户服务标准。②及时向客户传递重要的市场资讯、持仓品种信息及最新的投资报告。③做好客户服务日志及客户资料的更新、完备工作。④拟定、组织、实施及评估年（季、月）度客户关怀计划。⑤进行公司所有新客户的首次和定期电话回访工作，改善客户体验，提升满意度。⑥做好客户回访日志，记录并处理潜在风险隐患、客户建议及意见。⑦及时接听外部客户的呼入电话、公司客户中心转接及投资顾问转入的电话，并做好电话咨询日志。见于教材197页。

484．（单选题）某公司在进行客户服务的过程中，努力做好所有新客户的首次和定期电话回访工作，改善客户体验，提升满意度，这属于基金客户服务的什么流程？（　　）

　　A. 基金客户投诉处理　　　B. 基金投资咨询与互动交流

　　C. 基金客户服务宣传与推介　　D. 基金投资跟踪与评价

【答案】B

【解析】在基金投资咨询与互动交流中，其中一项重要的内容就是进行公司所有新客户的首次和定期电话回访工作，改善客户体验，提升满意度。见于教材197页。

485.（单选题）A公司根据客户投诉总结相关问题，及时发现业务风险，并根据投资者的合理意见改进工作，完善内控制度。这体现了客户服务的（　　）环节。

A．基金客户投诉处理　　　　B．基金投资咨询与互动交流
C．基金客户服务宣传与推介　D．基金投资跟踪与评价

【答案】A

【解析】在处理客户投诉的过程中，基金销售机构一方面可从客户投诉中发现经营上的缺陷，改善和提高服务水平；另一方面，妥善处理投诉是再次赢得客户、建立和巩固企业形象的最好时机。因此，基金销售机构应建立完备的客户投诉处理体系，根据客户投诉总结相关问题，及时发现业务风险，并根据投资者的合理意见改进工作，完善内控制度。见于教材197页。

486.（单选题）基金投资跟踪与评价的核心是（　　）。

A．对基金销售业务以及人际关系的维护
B．基金投资效益及客户评价的稳步提高
C．对基金销售业绩及工作人员素质的提高
D．对硬件、软件的逐步完善以及客户体验的交流

【答案】A

【解析】基金投资跟踪与评价的核心是对基金销售业务以及人际关系的维护。见于教材198页。

487.（单选题）基金投资跟踪与评价的内容不包括（　　）。

A．积极为投资者提供售后服务，回访投资者，解答投资者的疑问
B．拟定、组织、实施及评估年（季、月）度客户关怀计划
C．建立异常交易的监控、记录和报告制度
D．对客户进行调查，征询客户对已使用产品和服务的满意程度

【答案】B

【解析】基金投资跟踪与评价的具体措施主要包括：①积极为投资者提供售后服务，回访投资者，解答投资者的疑问；②对客户进行调查，征询客户对已使用产品和服务的满意程度，在调查中注意新发现的问题以及改正产品与服务的机会；③建立异常交易的监控、记录和报告制度，重点关注基金销售业务中的异常交易行为；④制定完善的业务流程与销售人员职业操守评价制度，建立应急处理措施的管理制度。见于教材198页。

488.（单选题）我国相关法律法规规定，系统运行数据中涉及基金投资人信息和交易记录的备份，应当在不可修改的介质上保存（　　）年。

A．25　　　　B．3　　　　C．15　　　　D．5

【答案】C

【解析】数据的保存——应逐日备份并异地妥善存放，对系统运行数据中涉

及基金投资人信息和交易记录的备份在不可修改的介质上至少保存 15 年。见于教材 199 页。

489.（单选题）基金销售机构对于客户档案管理与保密的实务操作中，在人员的限制方面，表述错误的是（　）。

A．需要在内部建立完善的信息管理体系

B．需要设置必要的信息管理岗位

C．信息技术负责人和信息安全负责人可以由一人兼任

D．重要业务环节实行双人双岗

【答案】C

【解析】人员的限制——在内部建立完善的信息管理体系，设置必要的信息管理岗位，信息技术负责人和信息安全负责人不能由同一人兼任，对重要业务环节实行双人双岗。见于教材 199 页。

490.（单选题）（　）主要用于发送简洁、明了的文字信息。

A．电话服务中心　　　　B．自动传真

C．电子信箱　　　　　　D．短信通知

【答案】D

【解析】自动传真、电子信箱特别适合用于传递行文较长的信息资料、定朔或临时公告。而短信通知则主要用于发送简洁、明了的文字信息。见于教材 199 页。

491.（单选题）（　）是对投资额较大的个人投资者和机构投资者提供的最具有个性化特征的服务。

A．电子信箱　　　　　　B．互联网

C．"一对一"专人服务　　D．电话服务中心

【答案】C

【解析】专人服务是为投资额较大的个人投资者和机构投资者提供的最具个性化的服务。基金销售者一般为其安排较为固定的投资顾问，从基金销售开始就"一对一"服务，并贯穿售前、售中以及售后全过程。见于教材 200 页。

492.（单选题）基金销售机构通过电视、电台、报刊等媒体定期或不定期向投资者传达专业信息与传输正确的投资理念是客户服务方式中的（　）。

A．讲座、推介会和座谈会　B．媒体和宣传手册的应用

C．互联网应用　　　　　　D．"一对一"专人服务

【答案】B

【解析】媒体和宣传手册的应用：基金销售机构可通过电视、电台、报刊等媒体定期或不定期向投资者传达专业信息与传输正确的投资理念。见于教材 200 页。

493.（单选题）基金客户个性化服务不包括（　）。

A．做好客户的动态分析

B．基金客户档案管理与保密

C．通过加强客户沟通了解客户深度需求

D．做好客户的参谋

【答案】B

【解析】客户的投资方式以及自身素质、个性、能力的差异性，导致其需求各不相同。因此，基金销售机构要通过为客户提供个性化服务，来满足客户潜意识的心理需求，在竞争市场中赢得客户，进而强化客户的忠诚度。包括：①做好客户的动态分析；②通过加强客户沟通了解客户深度需求；③做好客户的参谋。见于教材200页。

494．（单选题）基金公司通过增大研发投入提升市场分析能力，并将市场信息及风险准确客观地提供给基金客户，这体现了客户个性化服务的（　　）。

A．做好客户的动态分析　　B．通过加强客户沟通，了解客户深度需求

C．做好客户的参谋　　D．"一对一"专人服务

【答案】C

【解析】在基金客户个性化服务中，基金机构要做好客户的参谋。研发市场行情，揭示市场风险是客户服务的重要内容，基金公司及销售机构的信息咨询服务是客户了解市场行情的主要途径，基金公司应该通过增大研发投入提升市场分析能力，并将市场信息及风险准确客观地提供给基金客户。但基金公司在市场行情分析中仅有提供信息咨询以及风险揭示的义务，不能承担客户决策的责任。见于教材201页。

495．（单选题）（　　）一般设有专门的部门，以一定的方式向投资者宣传普及有关的证券投资知识、市场风险防范等投资者教育内容。

A．基金公司　　B．中介机构

C．基金托管人　　D．证券监管机构

【答案】D

【解析】证券监管机构一般设有专门的部门，以一定的方式向投资者宣传普及有关的证券投资知识、市场风险防范等投资者教育内容。见于教材202页。

496．（单选题）投资者的投资决策受到多种因素的影响，其中（　　）属于个人背景的因素。

A．伦理道德　　B．法律意识　　C．社会制度　　D．科技发展

【答案】B

【解析】投资决策就是对投资产品和服务做出选择的行为或过程，它是整个投资者教育体系的基础。投资者的投资决策受到多种因素的影响，大致可分为两类：①个人背景，包括投资者本人的受教育程度、投资知识、年龄、社会阶层、个人资产、心理承受能力、性格、法律意识、价值取向及生活目标等；②社会环境，包括政治、经济、社会制度、伦理道德、科技发展等。见于教材203页。

497.（单选题）（　　）是整个投资者教育体系的基础。

A．权益保护教育　　　　B．资产配置教育

C．风险防范教育　　　　D．投资决策教育

【答案】D

【解析】投资决策就是对投资产品和服务做出选择的行为或过程，它是整个投资者教育体系的基础。见于教材203页。

498.（单选题）投资者教育不能也不应等同于（　　）。

A．投资咨询　　B．投资管理　　C．中介服务　　D．以上全部

【答案】A

【解析】投资者教育不能也不应等同于投资咨询。见于教材203页。

499.（单选题）（　　）组织为投资者教育工作设定了六个基本原则。

A．中国证监会　　　　　B．国际证监会

C．银行业协会　　　　　D．基金投资决策委员会

【答案】B

【解析】重视投资者教育首先要了解什么是投资者教育以及正确的教育方法。对此，较权威的解释可以参考国际证监会组织为投资者教育工作设定的六个基本原则。见于教材203页。

500.（单选题）营造一个公正的政治、经济、法律环境，在此环境下，每个投资者在受到欺诈或不公平待遇时都能得到充分的法律救助。此外，投资者的声音能够上达立法者和相关的管理部门，参与立法，执法和司法过程，这属于投资者教育中的（　　）。

A．投资产品教育　　　　B．资产配置教育

C．权益保护教育　　　　D．投资决策教育

【答案】C

【解析】权益保护教育即号召投资者为改变其投资决策的社会和市场环境进行主动参与与保护自身权益。这不仅是市场化的要求，也是公平原则在投资者教育领域中的体现。投资者权益保护是营造一个公正的政治、经济、法律环境，在此环境下，每个投资者在受到欺诈或不公平待遇时都能得到充分的法律救助。此外，投资者的声音能够上达立法者和相关的管理部门，参与立法、执法和司法过程，创造一个真正对投资者友善、公平的资本市场制度体系。见于教材204页。

501.（单选题）中国证券投资基金业协会及基金公司主要采用（　　）方式传播基金知识。

A．在线路演　　　　　　B．行业主题沙龙

C．专题讲座　　　　　　D．以上全部都是

【答案】D

【解析】中国证券投资基金业协会及基金公司采用在线路演、行业主题沙龙、

专题讲座、培训会、全国巡回报告会等形式传播基金知识。见于教材 204 页。

502.（单选题）将基金投资者教育工作开展形式划分为纸质形式和电子形式两类，这是依据基金投资者教育工作（　　）的不同而划分的。

A. 手段　　　B. 宣传介质　　C. 时空角度　　D. 前提条件

【答案】B

【解析】从宣传介质上看，基金投资者教育工作开展形式包括纸质形式和电子形式两类。纸质形式包括传统的报纸、杂志以及印刷的基金宣传材料等方式；电子形式则主要依托现代互联网技术，通过媒体网页、基金业协会及基金公司官网、电视等渠道开展投资者教育工作。见于教材 205 页。

503.（单选题）下列说法错误的是（　　）。

A. 从宣传介质上看，基金投资者教育工作的开展形式包括纸质形式和电子形式两类

B. 纸质形式包括传统的报纸杂志等

C. 电子形式有网页等

D. 纸质形式与电子形式相比，仍旧是纸质形式更具有吸引力

【答案】D

【解析】从宣传介质上看，基金投资者教育工作的开展形式包括纸质形式和电子形式两类。纸质形式包括传统的报纸、杂志以及印刷的基金宣传材料等方式；电子形式则主要依托现代互联网技术，通过媒体网页、基金业协会及基金公司官网、电视等渠道开展投资者教育工作。相比于纸质形式，电子形式的投资者教育方式更具有吸引力，投资者的接受效率也较高。见于教材 205 页。

第十一章

基金管理人公司治理和风险管理

本章热题库

本章知识结构图

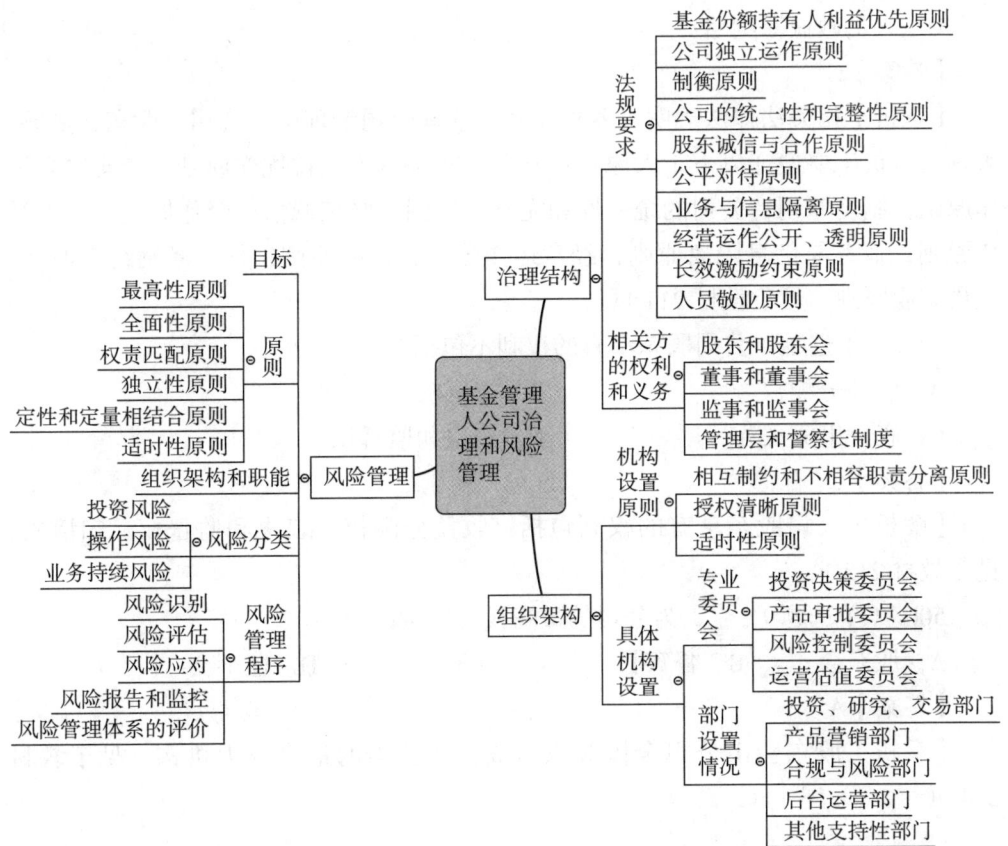

本章重点知识点

掌握 ★★★★★	理解 ★★★☆☆	了解 ★☆☆☆☆
基金管理公司治理的法规要求； 基金管理公司的机构设置； 基金管理公司风险管理的目标和原则； 基金管理公司风险管理的组织架构和职能； 基金管理公司风险管理的风险分类和管理程序		

本章模拟题及解析

504.（单选题）基金管理公司治理中应遵循的原则不包括（ ）。

A．基金份额持有人利益优先原则

B．制衡原则

C．差异性原则

D．人员敬业原则

【答案】C

【解析】相关法律法规明确要求在基金管理公司治理中，公司、股东、董事、管理层、员工要遵守以下十大原则：基金份额持有人利益优先原则；公司独立运作原则；制衡原则；公司的统一性和完整性原则；股东诚信与合作原则；公平对待原则；业务与信息隔离原则；经营运作公开、透明原则；长效激励约束原则；人员敬业原则。见于教材211页。

505.（单选题）公司股东享有的权利不包括（ ）。

A．收益分配权　　　　B．知情权

C．履行出资义务　　　D．表决和监督权

【答案】C

【解析】公司股东享有的权利包括：收益分配权、表决和监督权、知情权。见于教材213页。

506.（单选题）（ ）为公司的最高权力机构。

A．股东会　　B．督察长　　C．董事会　　D．监事会

【答案】A

【解析】股东会由公司全体股东组成，为公司的最高权力机构。见于教材214页。

第十一章 基金管理人公司治理和风险管理

507.（单选题）管理层在经营管理中，应遵守的原则不包括（ ）。
A．展现良好的职业操守　　B．公平对待股东和客户
C．维护公司的独立性和完整性　D．长期投资的理念
【答案】D
【解析】管理层在经营管理中，应遵守的原则包括：①展现良好的职业操守。②维护公司的独立性和完整性。③完善内部控制制度和流程。④公平对待股东和客户。见于教材 215 页。

508.（单选题）（　）是公司战略的重要载体。
A．基本原则　　B．组织架构　　C．一般规定　　D．机构设置
【答案】B
【解析】组织架构是公司战略的重要载体，基金管理公司要科学、合理设置业务体系和组织架构，不能无序扩张，导致管理失控、风险频发。见于教材 217 页。

509.（单选题）机构设置原则不包括（ ）。
A．授权清晰原则　　　　B．适时性原则
C．公平对待原则　　　　D．相互制约和不相容职责分离原则
【答案】C
【解析】在设置业务体系和组织架构时，一定要体现以下几个原则：①相互制约和不相容职责分离原则。②授权清晰原则。③适时性原则。见于教材 218 页。

510.（单选题）总经理的权限由（ ）授予。
A．部门经理　　B．董事会　　C．监事会　　D．股东会
【答案】B
【解析】基金公司应该实行逐级授权制度，总经理的权限由董事会授予，部门经理的权限由总经理授予，部门内人员的权限由部门经理授予。见于教材 219 页。

511.（单选题）（　）是基金管理公司管理基金投资的最高决策机构。
A．投资决策委员会　　　　B．产品审批委员会
C．风险控制委员会　　　　D．运营估值委员会
【答案】A
【解析】投资决策委员会是基金管理公司管理基金投资的最高决策机构，是非常设的议事机构。见于教材 219 页。

512.（单选题）下列不属于风险控制委员会主要职责的是（ ）。
A．审定公司内部控制制度并监督执行的有效性
B．审阅监察稽核报告及绩效与风险评估报告
C．负责对公司运作的整体风险进行控制

D. 决定基金的资产分配比例

【答案】D

【解析】风险控制委员会由总经理、督察长、各部门负责人等组成，主要职责包括：①负责对公司运作的整体风险进行控制；②审定公司内部控制制度并监督执行的有效性；③听取基金投资运作报告和评估基金资产运作风险并做出决定；④对公司运作中存在的风险问题和隐患进行研究并做出控制决策；⑤审阅监察稽核报告及绩效与风险评估报告。见于教材220页。

513.（单选题）下列不属于投资部按照投资标的分类的是（　　）。

A. 债券部　　B. 权益部　　C. 专户投资部　　D. 衍生投资部

【答案】C

【解析】投资部按照投资标的可以细分为权益部、债券部、衍生投资部、国际投资部等；按照客户来源，可以细分为公募基金投资部、专户投资部、年金投资部、保险资金投资部、社保资金投资部等。见于教材221页。

514.（单选题）（　　）为基金公司管理的资产运营和公司运营提供支持。

A. 监察稽核部　　　　　　B. 后台运营部
C. 人力资源部　　　　　　D. 行政管理部

【答案】B

【解析】后台运营部门是为基金公司管理的资产运营和公司运营提供支持，可以细分为注册登记、资金清算、基金会计和信息技术等几个功能部门。见于教材222页。

515.（单选题）风险管理的目标不包括（　　）。

A. 严格遵守国家有关法律法规和公司各项规章制度

B. 不断提高公司经营管理和专业水平

C. 维护公司信誉，树立良好的公司形象

D. 监督检查基金运作

【答案】D

【解析】基金公司风险管理的目标可以概括为以下几个方面：①严格遵守国家有关法律法规和公司各项规章制度，自觉形成守法经营、规范运作的经营思想和经营风格。维护基金投资人的利益，在风险最小化的前提下，确保基金份额持有人利益最大化。②不断提高公司经营管理和专业水平，提高对投资决策、经营管理中存在风险的警觉性，有效维护公司股东及基金投资者的利益。③建立行之有效的风险控制制度，确保公司各项业务的顺利运行，确保基金资产和公司财产的安全完整，确保公司取得长期稳定的发展。④维护公司信誉，树立良好的公司形象，及时、高效地配合监管部门的工作。见于教材223页。

516.（单选题）基金公司在风险管理中应当遵循的基本原则不包括（　　）。

A. 定性和定量相结合原则

B．最高性原则

C．公平对待原则

D．权责匹配原则

【答案】C

【解析】基金公司在风险管理中应当遵循以下基本原则：①最高性原则。②全面性原则。③权责匹配原则。④独立性原则。⑤定性和定量相结合原则。⑥适时性原则。见于教材 224 页。

517．（单选题）（　　）是公司的标志与文化。

A．风险管理 B．组织架构

C．部门设置 D．制度流程

【答案】A

【解析】风险管理作为公司的标志与文化，代表着公司管理层对基金投资者的承诺，公司管理层应始终把风险控制放在经营管理的首要地位并对此做出承诺。见于教材 224 页。

518．（单选题）（　　）对有效的风险管理承担最终责任。

A．公司管理层 B．董事会

C．监事会 D．股东会

【答案】B

【解析】董事会对有效的风险管理承担最终责任。见于教材 225 页。

519．（单选题）（　　）对有效的风险管理承担直接责任。

A．公司管理层 B．董事会

C．监事会 D．股东会

【答案】A

【解析】公司管理层对有效的风险管理承担直接责任。见于教材 225 页。

520．（单选题）下列不属于风险管理职能的委员会的是（　　）。

A．操作风险委员会 B．信用风险委员会

C．运营估值委员会 D．股票投资风险委员会

【答案】C

【解析】为协助管理层履行风险管理职能，公司管理层下可以设立履行风险管理职能的委员会，如操作风险委员会、股票投资风险委员会、信用风险委员会等。见于教材 225 页。

521．（单选题）投资风险不包括（　　）。

A．信用风险 B．市场风险

C．流动性风险 D．操作风险

【答案】D

【解析】投资风险是公司投资管理投资组合过程中所产生的，主要包括市场

风险、流动性风险和信用风险。见于教材 226 页。

522．（单选题）下列不属于操作风险的是（　　）。

A．流动性风险　　　　　　B．业务持续风险

C．信息技术风险　　　　　D．人力资源风险

【答案】A

【解析】操作风险是全公司所有部门要应对的，它是指由于内部程序、人员和系统的不完备或失效，或外部事件而导致的直接或间接损失的风险，主要包括制度和流程风险、信息技术风险、业务持续风险、人力资源风险、新业务风险和道德风险。见于教材 227 页。

523．（单选题）危机处理应遵循的原则不包括（　　）。

A．相互协作原则　　　　　B．积极沟通原则

C．权责匹配原则　　　　　D．预防为主原则

【答案】C

【解析】危机处理应遵循的原则是：①完备性原则。②预防为主原则。③及时报告原则。④优先性原则。⑤相互协作原则。⑥尽快恢复原则。⑦积极沟通原则。⑧认真总结原则。见于教材 228 页。

第十二章
基金管理人的内部控制

本章热题库

本章知识结构图

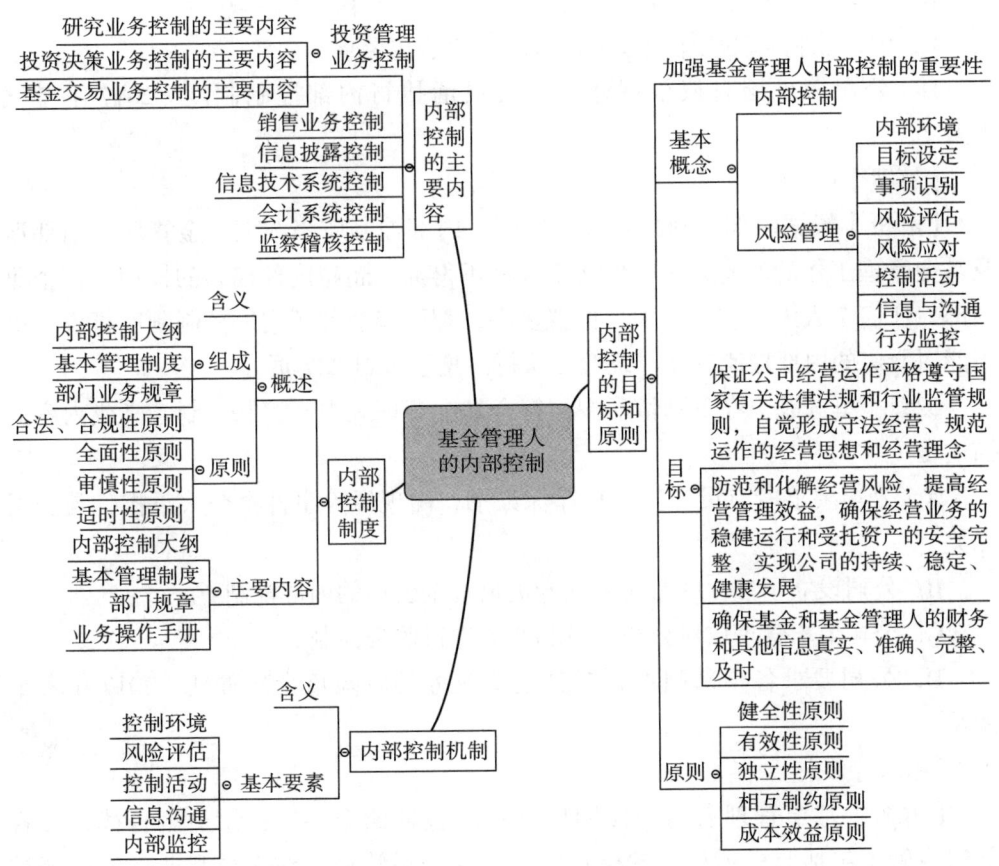

本章重点知识点

掌握 ★★★★★	理解 ★★★☆☆	了解 ★☆☆☆☆
基金公司内部控制的目标和原则；基金公司内控机制的四个层次；基金公司内部控制的基本要素	基金公司内部控制的重要性和基本概念；内部控制制度的组成内容；基金公司信息披露和信息技术控制的主要内容；基金公司会计系统控制和监察稽核控制的主要内容	基金公司前、中、后台业务控制的主要内容；基金公司投资管理业务和销售业务控制的主要内容

本章历年真题及解析

524.（单选题）关于基金管理人的内部控制，说法错误的是（　　）。

A. 内部控制制度必须得到持续的贯彻执行并发挥作用

B. 内部控制制度应覆盖公司所有人员

C. 内部控制制度应适应基金监管的法律法规要求

D. 公司管理层有权根据业务需要灵活执行内部控制制度（2017年考试涉及）

【答案】D

【解析】根据内部控制的有效性原则，内部控制应当约束基金管理人内部涉及基金管理工作的所有人员，任何个人都不得拥有超越内部控制的权利。在企业内部，任何个人无论权力多大、位置多高，都不能凌驾于内部控制制度行事，也不能对既定的内部控制制度"绕弯"执行。见于教材237页。

525.（单选题）在下列情形中，符合基金管理人内部控制机制含义或内容的描述是（　　）。

A. 公司要求所有员工签订自律保证书，出现风险事件由个人承担，与公司无关

B. 公司设立了独立的监察稽核专员负责全公司的内部控制

C. 公司要求管理层对公司人员和业务进行监督控制

D. 公司要求各个部门主管对其主管业务的风险负全部责任（2017年考试涉及）

【答案】C

【解析】基金管理人内部控制机制一般包括四个层次：①员工自律；②各部门主管（包括监察稽核）的检查监督；③公司管理层对人员和业务的监督控

制；④董事会或者其领导下的专门委员会的检查、监督、控制和指导。见于教材239页。

526．（单选题）关于基金管理人风险管理的内容，下列说法不正确的是（　）。

A．风险评估可以采用定性和定量相结合的方法

B．基金管理人应对每一个重要的风险进行评价

C．行为监控主要监控基金管理人经理层的活动

D．基金管理人的内部环境是其他所有风险管理要素的基础（2016年考试涉及）

【答案】C

【解析】C项，行为监控以日常经营中发生的事件和交易为对象，包括基金管理人的经理层和监控人员的活动。见于教材235页。

527．（单选题）根据企业风险管理基本框架八项的内容，基金管理人要求公募基金经理与特定资产管理业务的投资经理不得相互兼任，是出于（　）的考虑。

A．内部环境中经营理念和经营风格

B．行为监控中的特定人员分别管理

C．事项识别中的不同管理事项的分类

D．控制活动中的不相容职务分离（2016年考试涉及）

【答案】D

【解析】企业风险管理基本框架包括八个方面内容：内部环境、目标设定、事项识别、风险评估、风险应对、控制活动、信息与沟通以及行为监控。其中，控制活动包括在公司内部使用的审核、批准、授权、确认以及对经营绩效考核、资产安全管理、不相容职务分离等方法。公募基金经理与特定资产管理业务的投资经理不得相互兼任，是出于控制活动中的不相容职务分离的考虑。见于教材235页。

528．（单选题）下列不属于风险应对措施的是（　）。

A．风险评估　　　　　　　B．风险接受

C．风险回避　　　　　　　D．风险共担（2016年考试涉及）

【答案】A

【解析】基金管理人要对每一个重要的风险及其对应的回报进行评价和平衡，采取包括回避、接受、共担或降低这些风险等措施，风险应对是企业风险管理的整体重要组成部分。见于教材235页。

529．（单选题）基金管理人与一般的公司不同，其内部控制的总体目标不包括（　）。

A．确保经营业务的稳健运行和受托资产的安全完整

B. 追求基金公司利润最大化

C. 保障公司经营运作的合法合规

D. 确保基金和基金管理人信息真实、准确、完整、及时（2016年考试涉及）

【答案】B

【解析】基金管理人与一般的公司不同，内部控制的总体目标是：①保证公司经营运作严格遵守国家有关法律法规和行业监管规则，自觉形成守法经营、规范运作的经营思想和经营理念；②防范和化解经营风险，提高经营管理效益，确保经营业务的稳健运行和受托资产的安全完整，实现公司的持续、稳定、健康发展；③确保基金和基金管理人的财务和其他信息真实、准确、完整、及时。见于教材236页。

530.（单选题）下列关于基金管理人内部控制基本要素的表述错误的是（　　）。

A. 公司督察长和内部监察稽核部门应独立于其他部门

B. 基金管理人应自主控制业务活动的运作

C. 基金管理人应当建立有效的内部监控制度

D. 基金管理人应当依据自身经营特点设立顺序递进、权责统一、严密有效的内控防线（2016年考试涉及）

【答案】B

【解析】B项，基金管理人应通过授权控制来控制业务活动的运作。授权控制应当贯穿于公司经营活动的始终。见于教材241页。

531.（单选题）根据基金公司内部控制制度的分类，以下不属于基金公司基本管理制度的是（　　）。

A. 管理日志　　　　　　　B. 信息披露制度

C. 投资管理制度　　　　　D. 信息技术制度（2016年考试涉及）

【答案】A

【解析】基本管理制度应当至少包括风险控制、投资管理、基金会计、信息披露、监察稽核、信息技术管理、公司财务、资料档案管理、业绩评估考核和紧急应变等。见于教材243页。

532.（单选题）关于投资、研究业务的控制，以下表述正确的是（　　）。

A. 研究员的研究结论应听取基金经理的建议，并在研究报告中体现

B. 基金公司建立固定的晨会交流机制，由研究员、基金经理进行业务交流

C. 基金经理为立即投资某股票，研究员应临时将该股票申请加入公司投资库，并在事后及时补充研究报告

D. 研究员根据基金经理的需求专门对某上市公司进行调研，事后该研究报告优先提供给该基金经理决策使用（2016年考试涉及）

【答案】B

【解析】B项，基金公司应建立研究与投资的业务交流制度，保持通畅的交流渠道；C项，投资决策应当有充分的投资依据，重要投资要有详细的研究报告和风险分析支持，并有决策记录；A、D两项，研究工作应保持独立、客观。见于教材244页。

533．（单选题）关于基金管理公司对信息数据的管理，下列说法错误的是（　　）。

A．公司应保证信息数据的安全、真实和完整，并能及时、准确地传递到会计等各职能部门

B．发现计算机交易数据存在异常时，系统管理员应该马上修改

C．信息技术系统应当定期稽核检查，进行排除故障、灾难恢复的演习

D．应当建立电子信息数据的即时保存和备份制度（2016年考试涉及）

【答案】B

【解析】B项，信息技术系统应严格规范计算机交易数据的授权修改程序，并坚持落实电子信息数据的定期查验制度。见于教材247页。

534．（单选题）基金管理公司和基金组织建立了一系列内部风险控制机制和风险管理制度，下列（　　）不属于这些机制和制度。

A．风险控制制度

B．内部稽核监控制度

C．基金公司投资决策委员会制度

D．信息技术系统管理制度（2015年考试涉及）

【答案】C

【解析】基金管理人需要建立有效的内部控制机制来保障双方的利益，构建良好的内部治理结构，制定完善的内部稽核监控制度、风险控制制度。基金管理人的内部控制要求部门设置体现权责明确、相互制约的原则，包括：①严格授权控制；②建立完善的岗位责任制度和科学、严格的岗位分离制度；③严格控制基金财产的财务风险；④建立完善的信息披露制度；⑤建立严格的信息技术系统管理制度；⑥强化内部监督稽核和风险管理系统。见于教材234页。

535．（单选题）根据内部控制的独立性原则，岗位职责主要解决的是不相容职务的分离，以下不需要进行岗位分离的是（　　）。

A．保管岗位与记账岗位

B．授权岗位与执行岗位

C．执行岗位与审核岗位

D．咨询岗位与审核岗位（2015年考试涉及）

【答案】D

【解析】岗位职责主要解决的是不相容职务的分离，在设置岗位时必须考虑

到授权岗位和执行岗位的分离；执行岗位和审核岗位的分离；保管岗位和记账岗位的分离等，通过不相容职责的划分，保证各部门和人员之间的独立性，防止员工的"合谋"舞弊行为。见于教材238页。

536．（单选题）基金管理人内部控制机制建设应当加强的方面，不包括（　　）。

　　A．建立内部控制制度　　B．设置内部控制机构
　　C．营造内部控制环境　　D．执行内部控制制度（2015年考试涉及）

【答案】C

【解析】一般来说，基金管理人内部控制机制建设应在以下四个方面加强：①在设置内部控制机构上；②在建立内部控制制度上；③在执行内部控制制度上；④在监督内部控制上。见于教材239页。

537．（单选题）控制环境是构成公司内部控制的基础，良好的控制环境有利于公司制度的有效执行，以下不属于内部控制环境内容的是（　　）。

　　A．公司治理结构　　B．员工道德素质
　　C．公司技术系统　　D．经营理念和内控文化（2015年考试涉及）

【答案】C

【解析】控制环境构成公司内部控制的基础，控制环境包括经营理念和内控文化、公司治理结构、组织结构、员工道德素质等内容。见于教材240页。

538．（单选题）下列关于基金管理公司内部控制的表述，正确的是（　　）。

　　A．基金公司应建立投资与研究之间的防火墙，以防止出现内幕交易
　　B．基金公司应当设立督察长，对公司经营层负责
　　C．基金公司掌握内幕信息的人员在信息公开披露前不得泄露其内容
　　D．基金交易应实行集中交易制度，基金经理应直接向交易员下达投资指令（2015年考试涉及）

【答案】C

【解析】A项，基金公司应建立研究与投资的业务交流制度，保持通畅的交流渠道；B项，基金管理人应当设立督察长，对董事会负责，经董事会聘任，报证券监督管理机构核准；D项，基金交易应实行集中交易制度，将投资管理职能和交易执行职能相隔离，基金经理不得直接向交易员下达投资指令或者直接进行交易。见于教材246页。

539．（单选题）某基金公司在实现业务电子化时，缺乏对系统的全盘考虑，在出现操作风险后，追究相关责任人员时，发现系统不能提供当时操作情况的记录，这反映了该系统缺乏（　　）。

　　A．可稽性　　B．安全性
　　C．可靠性　　D．稳定性（2015年考试涉及）

【答案】A

【解析】基金管理人应当根据国家法律法规的要求，遵循安全性、实用性、可操作性原则，严格制定信息系统的管理制度。在实现业务电子化时，应设置保密系统和相应控制机制，并保证计算机系统的可稽性。见于教材246页。

540．（单选题）基金管理公司的督察长应由（　　）聘任。

A．中国证监会

B．基金管理公司董事会

C．基金经营所在地中国证监会派出机构

D．基金管理公司总经理（2015年考试涉及）

【答案】B

【解析】督察长是监督检查基金和公司运作的合法合规情况及公司内部风险控制情况的高级管理人员。基金管理人应当设立督察长，对董事会负责，经董事会聘任，报证券监督管理机构核准。见于教材248页。

本章模拟题及解析

541．（单选题）中国证券投资基金业的发展向规范运作转变的标志是（　　）。

A．1999年3月29日，国务院转发了中国证监会制定的《原有投资基金清理规范方案》

B．1999年12月30日，10家基金管理公司和5大商业银行的基金托管部共同制定《证券投资基金行业公约》

C．2001年9月，我国第一只开放式基金诞生

D．2002年2月，《证券投资基金管理公司内部控制指导意见》正式出台

【答案】C

【解析】中国证券投资基金业的发展向规范运作转变的标志是2001年9月我国第一只开放式基金——华安创新诞生。见于教材234页。

542．（单选题）内部控制防范和化解风险的途径不包括（　　）。

A．建立组织机制　　　　B．运用管理方法

C．实施操作程序与控制措施　　D．分散化投资

【答案】D

【解析】基金管理人的内部控制是指公司为防范和化解风险，保证经营运作符合公司的发展规划，在充分考虑内外部环境的基础上，通过建立组织机制、运用管理方法、实施操作程序与控制措施而形成的系统。见于教材234页。

543．（单选题）基金管理人的内部控制要求部门设置体现（　　）的原则。

A．权责明确、相互制约　　B．利润最大化

C．把安全性放在首位　　　D．相互促进、共同发展

【答案】A

【解析】基金管理人的内部控制要求部门设置体现权责明确、相互制约的原则。见于教材 234 页。

544.（单选题）董事会给予的关注和指导属于企业风险管理基本框架中的哪个方面？（ ）

  A．内部环境   B．风险应对

  C．控制活动   D．信息与沟通

【答案】A

【解析】内部环境的要素包括：全体员工的诚信、道德价值观和胜任能力；管理层的理念和经营风格；管理层分配权力和划分责任，组织和开发其员工的方式，以及董事会给予的关注和指导。见于教材 235 页。

545.（单选题）风险评估的过程根据不同的情况，可采用（ ）的方法。

  A．定性   B．定量

  C．定性和定量相结合 D．定性或定量

【答案】C

【解析】风险评估就是识别和分析与实现目标相关的风险，从而为确定应该如何管理风险奠定基础。风险评估的过程根据不同的情况，可采用定性和定量相结合的方法。见于教材 235 页。

546.（单选题）外部风险不包括（ ）。

  A．法律法规风险   B．经济风险

  C．社会风险   D．操作风险

【答案】D

【解析】风险有外部风险和内部风险。外部风险主要包括法律法规、经济、社会、文化与自然等方面；内部风险主要来自决策失误、执行不力、操作风险等。见于教材 236 页。

547.（单选题）基金管理人的内部控制和（ ）密不可分。

  A．信息 B．法律 C．环境 D．资源

【答案】A

【解析】基金管理人内部控制和信息是密不可分的。基金管理人的决策受制于内部运作信息，反之，如果没有完备的内部控制便不能保证信息的质量。见于教材 236 页。

578.（单选题）基金管理人内部控制应履行的原则不包括（ ）。

  A．适用性原则   B．独立性原则

  C．有效性原则   D．相互制约原则

【答案】A

【解析】基金管理人内部控制应履行：①健全性原则；②有效性原则；③独

立性原则；④相互制约原则；⑤成本效益原则。见于教材 237 页。

549．（单选题）（　　）原则是基金管理人内部部门和岗位的设置应当权责分明、相互制衡。

A．独立性　　B．健全性　　C．相互制约　　D．成本效益

【答案】C

【解析】相互制约指基金管理人内部部门和岗位的设置应当权责分明、相互制衡。见于教材 238 页。

550．（单选题）在设计基金管理人内部控制制度时，一定要考虑控制投入成本和控制产出效益之比，这一原则是（　　）。

A．成本效益原则　　　　　B．有效性原则
C．相互制约原则　　　　　D．投入产出原则

【答案】A

【解析】成本效益指基金管理人运用科学化的经营管理方法降低运作成本，提高经济效益，以合理控制成本达到最佳的内部控制效果。在设计基金管理人内部控制制度时，一定要考虑控制投入成本和控制产出效益之比。见于教材 238 页。

551．（单选题）基金公司的内部控制机制由（　　）。

A．全体员工共同参与

B．仅限管理人员与财务部门参与

C．仅限财务部门与审计部门参与

D．仅限中层和高层管理人员参与

【答案】A

【解析】内部控制机制是指公司的内部组织结构及其相互之间的运作制约关系，即一个企业组织为了实现计划目标，防范和减少风险的发生，由全体员工共同参与，对内部组织机构业务流程进行全过程的介入和监控，采取权力分配、相互制衡手段，制定出系统的、制度保证的运行过程。见于教材 239 页。

552．（单选题）（　　）构成公司内部控制的基础。

A．风险评估　　B．控制环境　　C．信息沟通　　D．内部监控

【答案】B

【解析】基金管理人内部控制的基本要素包括控制环境、风险评估、控制活动、信息沟通和内部监控。其中，控制环境构成公司内部控制的基础，控制环境包括经营理念和内控文化、公司治理结构、组织结构、员工道德素质等内容。见于教材 240 页。

553．（单选题）基金管理公司岗位分离制度不包括（　　）。

A．交易与清算的分离　　　　B．基金会计与公司会计的分离
C．投资与交易的分离　　　　D．清算与核算的分离

【答案】D

【解析】公司应当建立科学、严格的岗位分离制度，明确划分各岗位职责，投资和交易、交易和清算、基金会计和公司会计等重要岗位不得有人员的重叠，重要业务部门和岗位应当进行物理隔离。见于教材241页。

554．（单选题）基金公司的基金资产与公司资产、不同基金的资产和其他委托资产要（　　）。

A．独立运作，分别核算　　B．独立运作，汇总核算
C．整体运作，分别核算　　D．整体运作，汇总核算

【答案】A

【解析】公司应当建立完善的资产分离制度，基金资产与公司资产、不同基金的资产和其他委托资产要实行独立运作，分别核算。见于教材241页。

555．（单选题）内部控制必须随着有关法律法规的调整和经营方针、经营理念等外部环境的变化及时修改或完善，这体现了制定内部控制制度的（　　）原则。

A．审慎性　　B．全面性　　C．适时性　　D．合规性

【答案】C

【解析】基金管理公司制定内部控制制度一般应当遵循以下原则：①合法、合规性原则；②全面性原则；③审慎性原则；④适时性原则。其中，适时性原则是指内部控制制度的制定应当随着有关法律法规的调整和公司经营战略、经营方针、经营理念等内外部环境的变化进行及时的修改或完善。见于教材242页。

556．（单选题）基金管理公司内部控制制度中明确内控目标、内控原则、控制环境、内控措施等内容的文件是（　　）。

A．基本管理制度　　B．部门业务规章
C．内部控制大纲　　D．内部风险控制制度

【答案】C

【解析】公司内部控制大纲是对公司章程规定的内控原则的细化和展开，是各项基本管理制度的纲要和总揽，内部控制大纲应当明确内控目标、内控原则、控制环境、内控措施等内容。见于教材243页。

557．（单选题）（　　）是业务人员上岗操作的指南。

A．部门业务规章　　B．业务操作手册
C．基本管理制度　　D．内部控制大纲

【答案】B

【解析】业务操作手册是在基金管理人确定相关业务基础上，对业务的性质、种类以及相关的管理规定和操作流程及要求进行明确的说明，是业务人员上岗操作的指南。见于教材244页。

558.（单选题）基金交易应实行（ ）制度，基金经理不得直接向交易员下达投资指令或者直接进行交易。

A．集中交易　　B．分级交易　　C．分散交易　　D．分层交易

【答案】A

【解析】基金交易应实行集中交易制度，基金经理不得直接向交易员下达投资指令或者直接进行交易。见于教材 245 页。

559.（单选题）投资决策业务控制的主要内容不包括（ ）。

A．健全投资决策授权制度，明确界定投资权限，严格遵守投资限制，防止越权决策

B．投资决策应当有充分的投资依据，重要投资要有详细的研究报告和风险分析支持，并有决策记录

C．建立投资风险评估与管理制度，在设定的风险权限额度内进行投资决策

D．建立研究与投资的业务交流制度，保持通畅的交流渠道

【答案】D

【解析】A、B、C 三项都是属于投资决策业务控制的主要内容，D 项属于研究业务控制的内容。见于教材 245 页。

560.（单选题）信息披露是基金管理人必须履行的一项（ ）。

A．权力　　B．义务　　C．权利　　D．选择

【答案】B

【解析】信息披露是基金管理人必须履行的一项义务。见于教材 246 页。

561.（单选题）基金管理人应当根据国家法律法规的要求，遵循（ ）原则，严格制定信息系统的管理制度。

①安全性；②实用性；③可操作性；④成本收益性。

A．①②③④　　B．①②③　　C．①②④　　D．①③④

【答案】B

【解析】基金管理人应当根据国家法律法规的要求，遵循安全性、实用性、可操作性原则，严格制定信息系统的管理制度。见于教材 246 页。

562.（单选题）基金管理人应建立电子信息数据的（ ）和备份制度，重要数据应当（ ）并且长期保存。

A．定期保存；异地备份　　B．定期保存；本地备份

C．即时保存；异地备份　　D．即时保存；本地备份

【答案】C

【解析】基金管理人应建立电子信息数据的即时保存和备份制度，重要数据应当异地备份并且长期保存。信息技术系统应当定期稽核检查，完善业务数据保管等安全措施，进行排除故障、灾难恢复的演习，确保系统可靠、稳定、安全地运行。见于教材 247 页。

563.（单选题）以下关于基金会计核算，表述错误的是（   ）。

A．基金管理公司的经营活动和证券投资基金的投资管理活动应独立建账、独立核算

B．建立严格的成本控制和业绩考核制度，强化会计的事前、事中和事后监督

C．为了提高核算效率，同一基金管理公司管理的所有基金可以合并建账、统一核算

D．基金会计核算主体为证券投资基金

【答案】C

【解析】公司对所管理的基金应当以基金为会计核算主体，独立建账。独立核算，保证不同基金之间在名册登记、账户设置、资金划拨、账簿记录等方面相互独立。各基金会计核算应当独立于公司会计核算。见于教材247页。

564.（单选题）下列关于基金管理人采取的会计控制措施正确的是（   ）。

A．应当建立凭证制度

B．应当规范基金清算交割工作

C．应当建立严格的成本控制和业绩考核制度

D．以上均正确

【答案】D

【解析】基金管理人应当采取适当的会计控制措施，以确保会计核算系统的正常运转：①应当建立凭证制度；②应当建立账务组织和账务处理体系；③应当建立复核制度；④应当采取合理的估值方法和科学的估值程序；⑤应当规范基金清算交割工作；⑥应当建立严格的成本控制和业绩考核制度；⑦应制定完善的会计档案保管和财务交接制度。见于教材247页。

565.（单选题）基金管理公司督察长的权利和职责不包括（   ）。

A．人事权利

B．列席公司相关会议

C．调阅公司相关档案

D．就内部控制制度的执行情况独立地履行检查、评价、报告、建议职能

【答案】A

【解析】根据公司监察稽核工作的需要和董事会授权，督察长可以列席公司相关会议，调阅公司相关档案，就内部控制制度的执行情况独立地履行检查、评价、报告、建议职能。见于教材248页。

第十三章 基金管理人的合规管理

本章热题库

📓 **本章知识结构图**

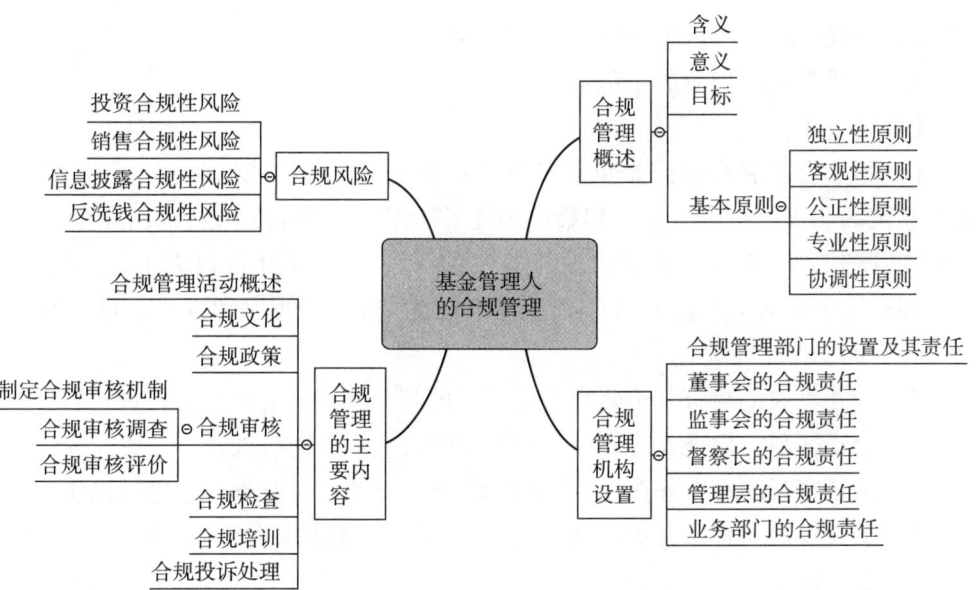

💡 **本章重点知识点**

掌握 ★★★★★	理解 ★★★☆☆	了解 ★☆☆☆☆
合规管理的基本概念； 合规管理的目标和基本原则； 合规管理的主要活动	合规管理相关部门的合规责任； 合规风险的种类和主要管理措施	合规管理涉及的相关部门设置

本章历年真题及解析

566.（单选题）关于基金管理人合规管理基本原则的说法，以下错误的是（　　）。

A．合规人员应当依据相关法规对违规事实进行客观评价

B．合规人员应当熟悉业务制度

C．合规人员在对不同业务部门进行核查时，应用不同标准进行评估报告

D．合规人员应当与公司其他部门形成合规合力（2017年考试涉及）

【答案】C

【解析】公正性原则是指合规人员在对业务部门进行核查时，应当坚持统一标准来对违规行为风险进行评估和报告。见于教材253页。

567.（单选题）关于基金管理公司合规管理部门的职责，以下说法错误的是（　　）。

A．合规管理部门负责全体员工合规管理工作

B．合规管理部门独立开展工作

C．合规管理部门组织执行公司合规工作

D．合规管理部门对股东负责（2017年考试涉及）

【答案】D

【解析】合规管理部门是负责基金公司合规工作的具体组织和执行部门，依照所规定的职责、权限、方法和程序独立开展工作，负责公司各部门和全体员工的合规管理工作。D项，合规管理部门对总经理负责。见于教材254页。

568.（单选题）基金公司合规管理部依照所规定的程序和方法，对行为对象可以开展的工作是（　　）。

A．公正客观的检查并由督察长对违规的基金经理马上停止其投资权限

B．公正客观的检查并对违反公司制度的人员直接进行处罚

C．公正客观的检查并在发生风险的情况下直接代替业务人员进行操作

D．公正客观的检查并提出处理建议（2016年考试涉及）

【答案】D

【解析】合规管理部门依据国家及有关部门的法律法规、公司章程、基金合同和公司内部管理制度，在所赋予的权限内，按照所规定的程序和方法，对行为对象进行公正客观的检查监督并提出处理建议。见于教材254页。

569.（单选题）基金管理人董事会可以下设（　　），负责对公司经营管理与基金运作的风险控制及合法合规性进行审议、监督和检查，草拟公司风险管理战略，评估公司风险管理状况。

A．合规管理部　　　　　　　　B．合规与风险控制部

C．风险管理部　　　　　　　D．合规与风险管理委员会（2016年考试涉及）

【答案】D

【解析】基金管理人董事会负责公司整体风险的预防和控制，审核、监督公司风险控制制度的有效执行，可以下设合规与风险管理委员会，负责对公司经营管理与基金运作的风险控制及合法合规性进行审议、监督和检查，草拟公司风险管理战略，评估公司风险管理状况。见于教材255页。

570．（单选题）中国证监会对基金管理公司的监管要求、整改通知及处罚措施等应当列入（　　）的通报事项。

A．董事会　　　　　　　　　B．监事会
C．管理层　　　　　　　　　D．业务部门（2016年考试涉及）

【答案】A

【解析】中国证监会对基金管理公司的监管要求、整改通知及处罚措施等应当列入董事会的通报事项。经理层制订的整改方案以及公司合规运作情况的汇报应当列入董事会的审议范围。见于教材256页。

571．（单选题）基金管理人的高级管理层负责制定书面的合规政策，应报经（　　）审议批准后传达给全体员工。

A．股东大会　　　　　　　　B．合规与风险管理委员会
C．董事会　　　　　　　　　D．合规管理部门（2016年考试涉及）

【答案】C

【解析】基金管理人的高级管理层负责制定书面的合规政策，并根据合规风险管理状况以及法律、规则和准则的变化情况适时修订合规政策，报经董事会审议批准后传达给全体员工定期评价各项合规政策和执行状况；若发现重大的合规问题，管理层必须立即向董事会汇报。见于教材263页。

572．（单选题）下列属于合规风险的是（　　）。

Ⅰ．投资合规性风险；Ⅱ．销售合规性风险；Ⅲ．信息披露合规性风险；Ⅳ．反洗钱合规性风险

A．Ⅲ、Ⅳ　　　　　　　　　B．Ⅰ、Ⅱ、Ⅲ
C．Ⅱ、Ⅳ　　　　　　　　　D．Ⅰ、Ⅱ、Ⅲ、Ⅳ（2016年考试涉及）

【答案】D

【解析】合规风险的主要种类包括投资合规性风险、销售合规性风险、信息披露合规性风险和反洗钱合规性风险。见于教材266页。

573．（单选题）下列不能形成有效的反洗钱合规性风险管理措施的是（　　）。

A．建立规模导向的反洗钱制度
B．对资金支付进行监控
C．从严监控客户核心资料信息修改
D．制定严格有效的开户流程（2016年考试涉及）

【答案】A

【解析】根据《基金管理公司风险管理指引（试行）》，反洗钱合规性风险管理措施主要包括：①建立风险导向的反洗钱防控体系，合理配置资源；②制定严格有效的开户流程，规范对客户的身份认证和授权资格的认定，对有关客户的身份证明材料予以保存；③从严监控客户核心资料信息修改、非交易过户和异户资金划转；④严格遵守资金清算制度，对现金支付进行控制和监控；⑤建立符合行业特征的客户风险识别和可疑交易分析机制。见于教材270页。

574.（单选题）基金管理人合规管理的基本原则不包括（　）原则。

A．成熟性　　　　　　　　B．协调性

C．独立性　　　　　　　　D．客观性（2015年考试涉及）

【答案】A

【解析】基金管理人的合规管理是指对基金管理人的相关业务是否遵循法律、监管规定、规则、自律性组织制定的有关准则以及公众投资者的基本需求等行为进行风险识别、检查、通报、评估、处置的管理活动。合规管理的基本原则有：①独立性原则；②客观性原则；③公正性原则；④专业性原则；⑤协调性原则。见于教材253页。

575.（单选题）督察长的合规责任不包括（　）。

A．关注员工的合规和风险意识

B．对合规管理承担最终责任

C．对新产品的合法合规性提出意见

D．总经理对合规存在的问题不整改时，向公司董事会和中国证监会报告（2015年考试涉及）

【答案】B

【解析】董事会对公司的合规管理承担最终责任。A项，督察长应当关注员工的合规与风险意识，促进公司内部风险控制水平的提高及合规文化的形成；C项，督察长应当对公司推出新产品、开展新业务的合法合规性问题提出意见；D项，基金公司总经理对存在问题不整改或者整改未达到要求的，督察长应当向公司董事会、中国证监会及相关派出机构报告。见于教材257页。

576.（单选题）关于督察长的合规责任，以下表述错误的是（　）。

A．督察长享有充分的知情权

B．督察长应当定期或者不定期向全体董事报送工作报告

C．督察长经董事会和总经理批准后可以享有调查权，可以调阅公司相关文件、档案

D．督察长负责组织指导公司监察稽核工作（2015年考试涉及）

【答案】C

【解析】督察长享有充分的知情权和独立的调查权。督察长根据履行职责的

需要，有权参加或者列席公司董事会以及公司业务、投资决策、风险管理等相关会议，有权调阅公司相关文件、档案。见于教材 258 页。

本章模拟题及解析

577.（单选题）基金管理人合规管理中的"规"包括（　　）。
A．法律规则　　B．公司章程　　C．职业道德　　D．以上全是
【答案】D
【解析】基金管理人合规管理的规则包括：立法机关和证监会发布的基本法律规则；基金业协会和证券业协会等自律性组织制定的适用于全行业的规范、标准、惯例等；公司章程以及企业的各种内部规章制度，以及应当遵守的诚实、守信的职业道德。见于教材 251 页。

578.（单选题）关于基金公司的财务人员休产假，为控制人力成本，公司安排基金会计兼职从事公司财务清算工作。按照内控要求，以下描述正确的是（　　）。
A．违反了效率性原则
B．体现了有效性原则
C．体现了成本效益原则
D．违反了独立性原则
【答案】D
【解析】合规独立性是指基金管理人的合规管理应当在体制机制、组织架构、人力资源、管理流程等诸多方面独立于内部其他风险部门、业务部门、内部审计部门等。独立性原则是指合规管理应当独立于基金管理人的业务经营活动，以真正起到牵制制约的作用，是合规管理的关键性原则。见于教材 252 页。

579.（单选题）下列各项中（　　）是基金管理人合规管理的目标。
A．确保基金管理人依法合规经营
B．确保基金管理人实现利润最大化
C．确保基金管理人规避投资风险
D．确保基金管理人持续正常运营
【答案】A
【解析】基金管理人的合规管理目标是建立健全基金管理人合规风险管理体系，实现对合规风险的有效识别和管理，促进基金管理人全面风险管理体系的建设，确保基金管理人依法合规经营。其余三项均不是基金管理人合规管理的目标。见于教材 253 页。

580.（单选题）合规人员应当正确处理与公司其他部门及监管部门的关系，这一合规管理原则是（ ）。

A．专业性原则　　　　　　B．指导性原则

C．协调性原则　　　　　　D．客观性原则

【答案】C

【解析】协调性原则是指合规人员应当正确处理与公司其他部门及监管部门的关系，努力形成公司的合规合力，避免内部消耗。见于教材254页。

581.（单选题）合规管理计划应（ ）。

A．以人为本　　　　　　　B．以风险为本

C．以利润为本　　　　　　D．以上全都是

【答案】B

【解析】合规责任之一便是制订并执行风险为本的合规管理计划，包括特定政策和程序的实施与评价、合规风险评估、合规性测试、合规培训与教育。见于教材255页。

582.（单选题）董事会应该履行的合规责任不包括（ ）。

A．审议批准合规政策，监督合规政策的实施，并对实施情况进行年度评估

B．根据总经理提名决定合规负责人的聘任、解聘及薪酬事项

C．审核董事会编制的提供给股东会的各种报表，并把审核意见向股东会报告

D．决定公司合规管理部门的设置及其职能

【答案】C

【解析】A、B、D三项属于董事会应该履行的合规责任，C项则属于监事会的合规责任。见于教材256页。

583.（单选题）下列哪种情况下，监事会没有代表公司的权利？（ ）

A．公司更换主要领导人时

B．董事自己或他人与本公司有交涉时

C．公司与董事间发生诉讼时

D．监事调查公司业务及财务状况，审核账册报表时

【答案】A

【解析】在以下特殊情况下，监事会有代表公司的权利：①当公司与董事间发生诉讼时，除法律另有规定外，由监事会代表公司作为诉讼一方处理有关法律事宜；②当董事自己或他人与本公司有交涉时，由监事会代表公司与董事进行交涉；③当监事调查公司业务及财务状况，审核账册报表时，有权代表公司委托律师、会计师或其他第三方人员协助调查。见于教材256页。

584.（单选题）基金管理人设监事会，监事会向（ ）负责。

A．股东会　　　　　　　　B．战略委员会

C．审计委员会　　　　　　D．总经理

【答案】A

【解析】基金管理人设监事会，监事会向股东会负责。见于教材 256 页。

585．（单选题）基金管理公司督察长履行职责的范围为（　　）。

A．公司运作的主要环节

B．基金及公司运作的所有业务环节

C．基金运作的主要环节

D．公司稽核部的人员设置及业务管理

【答案】B

【解析】督察长负责组织指导公司监察稽核工作。督察长履行职责的范围，应当涵盖基金及公司运作的所有业务环节。见于教材 257 页。

586．（单选题）公司员工违反忠实义务的行为不包括（　　）。

A．代表客户履行职责的行为

B．对重大事实作虚假陈述或隐瞒重要事实

C．对客户或将来的客户构成欺诈或欺骗的行为

D．欺骗或欺诈任何公司现有或将来的客户

【答案】A

【解析】公司所有员工不得从事以下违反忠实义务的行为：①以任何行为欺骗或欺诈任何公司现有或将来的客户；②对重大事实作虚假陈述或隐瞒重要事实，该事实隐瞒会使得其陈述具有误导性质；③参与任何对客户或将来的客户构成欺诈或欺骗的行为、实践或商业交往；④参与任何操纵市场的行为；⑤向任何其他人透露（除非是代表客户履行职责的行为）关于客户、公司的任何证券交易或与此有关的信息。见于教材 260 页。

587．（单选题）基金管理人的合规管理对公司的决策系统、执行系统进行（　　）的合规监控。

A．重点、静态　　　　　　B．重点、动态

C．全程、静态　　　　　　D．全程、动态

【答案】D

【解析】基金管理人的合规管理旨在构造公司监督系统，对公司的决策系统、执行系统进行全程、动态的合规监控，监督的对象覆盖公司经营管理的全部内容。见于教材 261 页。

588．（单选题）业务管理部门中合规文化的基础是（　　）。

A．职业操守　　B．职业道德　　C．职业技能　　D．职业目标

【答案】A

【解析】基金管理人在组建内部的合规部门时，应遵循合规原则，而合规部门则应支持业务管理部门推进以职业操守为基础，建设蓬勃向上富有活力的合规

文化,从而促进形成高效的公司治理环境。同时,公司通过各种文化活动,来形成员工自觉合规的文化环境。见于教材 261 页。

589.(单选题)( )是基金管理人的内部合规管理活动,能把公司可能受到的处罚降到最低。

A. 合规培训   B. 合规检查   C. 合规审核   D. 合规投诉处理

【答案】C

【解析】合规审核是基金管理人的内部合规管理活动,随着基金行业合规要求的不断加强,基金行业合规审核越来越必要,其目标是把外部监督可能发现的问题及时在内部发现并进行有效的处理。合规审核能把公司可能受到的处罚降到最低。见于教材 263 页。

590.(单选题)合规检查的主要目标是( )。

A. 构造公司监督系统

B. 积极推行全员合规理念

C. 制度、程序和流程的执行情况

D. 把外部监督可能发现的问题及时在内部发现并进行有效的处理

【答案】C

【解析】合规检查的主要目标是制度、程序和流程的执行情况,无论是基金公司的财务管理、公司治理结构,还是投资管理,这些检查的每项内容都有专门的法律法规及公司制度进行规范,合规检查主要看基金管理人业务部门是否落实了这些法律法规和公司制度。见于教材 264 页。

591.(单选题)基金管理人进行合规检查的具体内容不包括( )。

A. 公司是否独立运作   B. 公平交易制度建设及执行情况

C. 重大关联交易的执行情况   D. 基金公司的收入情况

【答案】D

【解析】合规检查的主要目标是制度、程序和流程的执行情况。合规检查包括:①公司是否独立运作;②公平交易制度建设及执行情况;③重大关联交易的执行情况;④公司员工及其配偶、利害关系人的证券投资活动管理制度是否健全有效;⑤基金公司投资决策的依据,以及公司的规定和投资决策流程是否有被突破;⑥风险管理制度是否涵盖了不同风险控制环节。见于教材 264 页。

592.(单选题)基金管理人进行合规培训的具体内容不包括( )。

A. 先进事迹激励教育

B. 公司内部的员工守则和各项业务的合规制度

C. 案例警示教育

D. 与基金行业有关的法律法规

【答案】A

【解析】基金管理人合规培训的具体内容包括:①国家制定颁布的与基金行

业有关的法律法规；②公司内部的员工守则和各项业务的合规制度；③案例警示教育。见于教材 265 页。

593．（单选题）（　　）是指因公司及员工违反法律法规、基金合同和公司内部规章制度等而导致公司可能遭受法律制裁、监管处罚、重大财务损失和声誉损失的风险。

A．市场风险　　B．操作风险　　C．合规风险　　D．信用风险

【答案】C

【解析】合规风险是指因公司及员工违反法律法规、基金合同和公司内部规章制度等而导致公司可能遭受法律制裁、监管处罚、重大财务损失和声誉损失的风险。见于教材 266 页。

594．（单选题）下列不属于合规风险的是（　　）。

A．投资合规性风险　　　　B．信息披露合规性风险
C．销售合规性风险　　　　D．操作规范性风险

【答案】D

【解析】合规风险的主要种类包括投资合规性风险、销售合规性风险、信息披露合规性风险和反洗钱合规性风险。见于教材 266 页。

595．（单选题）投资合规性风险不包括（　　）。

A．基金管理人利用基金财产为基金份额持有人以外的第三人牟取利益

B．基金管理人未按法规及基金合同规定建立和管理投资对象备选库

C．业务人员为了提高销售业绩和争抢客户，违反相关法律法规和公司规章的行为

D．利用因职务便利获取的内幕信息以外的其他未公开信息，从事或者明示、暗示他人相关交易活动

【答案】C

【解析】投资合规性风险是指基金管理人投资业务人员违反相关法律法规和公司内部规章带来的处罚和损失风险。C 项属于销售合规性风险。见于教材 267 页。

596．（单选题）基金管理人的（　　）是基金市场竞争的核心。

A．产品设计　　B．销售环节　　C．投资管理　　D．风险控制

【答案】B

【解析】基金管理人的销售环节是基金市场竞争的核心，相关业务人员为了提高销售业绩和争抢客户，出现违反相关法律法规和公司规章，为基金管理人带来处罚和声誉损失的风险，被称为销售合规性风险。见于教材 268 页。

597．（单选题）销售合规性风险管理主要措施包括（　　）。

A．加强销售行为的规范和监督

B．对销售协议的签订进行合规审核

C. 对宣传推介材料进行合规审核

D. 以上均正确

【答案】D

【解析】根据《基金管理公司风险管理指引（试行）》，销售合规性风险管理主要措施包括：①对宣传推介材料进行合规审核。②加强销售行为的规范和监督。③制定适当的销售政策和监督措施。④对销售协议的签订进行合规审核。见于教材269页。

598.（单选题）下列属于信息披露合规性风险管理主要措施是（　　）。

A. 制定合规审核机制

B. 信息披露前应经过必要的合规性审查

C. 严格遵守资金清算制度，对现金支付进行控制和监控

D. 建立有效的投资流程和投资授权制度

【答案】B

【解析】信息披露合规性风险管理主要措施包括：①建立信息披露风险责任制，将应披露的信息落实到各相关部门，并明确其对提供的信息的真实、准确、完整和及时性负全部责任。②信息披露前应经过必要的合规性审查。见于教材269页。

599.（单选题）下列各项中（　　）不是反洗钱合规性风险的管理措施。

A. 建立风险导向的反洗钱防控体系

B. 制定严格有效的开户流程

C. 对反洗钱政策进行宣传

D. 从严监控客户核心资料信息修改、非交易过户和异户资金划转

【答案】C

【解析】根据《基金管理公司风险管理指引（试行）》，反洗钱合规性风险管理措施主要包括：①建立风险导向的反洗钱防控体系，合理配置资源。②制定严格有效的开户流程，规范对客户的身份认证和授权资格的认定，对有关客户的身份证明材料予以保存。③从严监控客户核心资料信息修改、非交易过户和异户资金划转。④严格遵守资金清算制度，对现金支付进行控制和监控。⑤建立符合行业特征的客户风险识别和可疑交易分析机制。见于教材270页。

模拟试卷(一)

单项选择题(共100题,每题1分,共100分。下列选项中只有一项最符合题目要求。不选、错选均不得分)

1. ( )我国推出了第一只货币市场基金。
   A. 2000年8月   B. 2002年5月
   C. 2005年2月   D. 2003年12月

2. 下列不属于基金投资的有价证券的是( )。
   A. 股票   B. 货币   C. 艺术品   D. 金融衍生工具

3. 关于中国证券投资基金业协会的职责,以下表述错误的是( )。
   A. 办理非公开募集基金的登记、备案
   B. 对会员与客户之间发生的基金业务纠纷进行调解
   C. 教育和组织会员遵守相关法律及行政规范
   D. 有权对会员进行行政处罚

4. 以下均为债权类金融资产的是( )。
   A. 基金、国债期货   B. 城投债、限售股
   C. 可转债、票据   D. 现金、定期分红蓝筹股

5. 证券投资基金具有集合投资的特点,集合投资的优点是( )。
   A. 具有规模优势   B. 强化监管
   C. 收益稳定   D. 风险固定

6. 某公司通过培训、考试等方式来加强员工对相关法律法规和规章制度的认识,这属于基金销售机构人员管理和培训中的( )。
   A. 完善销售人员招聘程序   B. 加强对销售人员的日常管理
   C. 建立员工培训制度   D. 建立科学合理的销售绩效评价体系

7. 证券投资基金的特点包括( )。
   Ⅰ. 风险共担;Ⅱ. 利益共享;Ⅲ. 严格监管;Ⅳ. 专业管理。
   A. Ⅱ、Ⅲ   B. Ⅰ、Ⅱ、Ⅳ

C. Ⅰ、Ⅱ、Ⅲ、Ⅳ　　　　　　D. Ⅱ、Ⅳ

8. 我国对非公开募集基金管理人没有严格的市场准入限制，实行登记制度，基金管理人只需向（　　）登记即可。

A. 中国证监会　　　　　　B. 基金业协会

C. 中国人民银行　　　　　D. 中国银监会

9. 与其他金融工具相比，基金是一种（　　）的投资品种。

A. 高风险，高收益　　　　B. 低风险、低收益

C. 基本没有风险　　　　　D. 风险相对适中、收益相对稳健

10. 关于中国证券投资基金业协会，下列说法错误的是（　　）。

A. 是社会团体法人

B. 是自律性组织

C. 权力机构为全体会员组成的会员大会

D. 理事会成员由证监会指定

11. 关于证券投资基金的发展有助于防止市场的过度投机和炒作的原因，以下说法错误的是（　　）。

A. 证券投资基金倡导理性的投资理念和文化

B. 证券投资基金给投资者带来稳定的收益

C. 证券投资基金管理人能发挥专业投资优势

D. 证券投资基金推动市场价值判断体系的形成

12. 关于申购开放式基金份额和买入封闭式基金份额，表述错误的是（　　）。

A. 投资者买入某封闭式基金份额将增加该基金份额

B. 投资者买入封闭式基金份额适用已知价原则

C. 投资者申购某开放式基金将增加该基金份额

D. 投资者申购开放式基金份额适用未知价原则

13. （　　）在一定程度上会给开放基金的长期经营业绩带来不利的影响。

A. 投资于流动性较高的证券

B. 依照投资计划投资

C. 依照基金合同的约定投资

D. 过度重视基金资产的流动性

14. 下列关于基金对于证券市场的稳定和健康发展的作用，表述正确的是（　　）。

A. 有利于维护非流通股股东利益

B. 有利于推动市场价值判断体系的形成

C. 有助于形成以个人投资者为主的投资

D. 推动股指持续上升

15. 采取多个基金共用一个基金合同、子基金独立运作的结构形式的基金被称为（　　）。

　　A. 基金中的基金　　　　B. 指数基金
　　C. 平衡型基金　　　　　D. 伞形基金

16. 基金托管人发现基金管理人的投资指令违反基金合同时，正确的做法是（　　）。

　　A. 拒绝执行，立即通知基金管理人，并及时向中国证监会报告
　　B. 通知基金管理人后再执行投资指令
　　C. 通知基金持有人并按其要求处理
　　D. 执行投资指令后立即报告中国证监会

17. 关于货币市场基金的说法错误的是（　　）。

　　A. 投资门槛极低
　　B. 投资者进行短期投资的理想工具
　　C. 可以投资于剩余期限在397天以内（含397天）的资产支持证券
　　D. 货币市场属于场内交易市场

18. 保本基金的投资目标是（　　）。

　　A. 获得尽可能高的回报
　　B. 使投资风险尽可能低
　　C. 在锁定风险的同时力争有机会获得潜在的高回报
　　D. 获得市场平均收益

19. 下列关于ETF说法错误的是（　　）。

　　A. ETF是进行被动投资的指数基金
　　B. 一级和二级市场差价引发的套利交易会驱使二级市场价格回复到基金份额净值附近
　　C. 机构投资者和中小投资者均可按市场价格在二级市场进行ETF份额的交易
　　D. 与传统的指数基金相比，ETF成本较高

20. QDII基金不可投资于（　　）。

　　A. 银行存款　　B. 政府债券　　C. 不动产　　D. 公司债券

21. 金融工具最初被称为（　　）。

　　A. 信用工具　　B. 金融凭证　　C. 资本工具　　D. 金融票据

22. 下列关于分级基金特征的描述不正确的是（　　）。

　　A. A类、B类份额分级，资产合并运作
　　B. 内含衍生工具与杠杆特性
　　C. 基金份额不可以在交易所上市交易
　　D. 多种收益实现方式、投资策略丰富

23. 下列关于我国证券投资基金监管目标的说法，不正确的是（   ）。

   A. 保护投资人及相关当事人的合法权益

   B. 促进我国经济的稳定发展

   C. 规范证券投资基金活动

   D. 促进证券投资基金和资本市场的健康发展

24. 下列不属于中国证监会证券基金机构监管部职责的是（   ）。

   A. 负责涉及证券投资基金行业的重大政策研究

   B. 对基金从业人员实施资格管理和资格考试

   C. 对于有关证券投资基金的行政许可项目进行审核

   D. 草拟或制定证券投资基金行业的监管规则

25. 关于公募基金管理公司持股5%以上非主要股东，下列说法正确的是（   ）。

   A. 非主要股东为法人或者其他组织的，最近5年没有违法记录

   B. 非主要股东为法人或者其他组织的，净资产不低于3000万元人民币

   C. 非主要股东为自然人的，在境内外资产管理行业从业10年以上

   D. 非主要股东为自然人的，个人金融资产不低于1000万元人民币

26. 不得担任公开募集基金的基金管理人的董事、监事、高级管理人员和其他从业人员的情形不包括（   ）。

   A. 因犯有贪污贿赂、渎职、侵犯财产罪或者破坏社会主义市场经济秩序罪，被判处刑罚的

   B. 个人所负债务数额较大，到期已清偿的

   C. 个人所负债务数额较大，到期未清偿的

   D. 因违法行为被吊销执业证书或者被取消资格的律师、注册会计师和资产评估机构、验证机构的从业人员

27. 根据证券投资基金法的规定，（   ）应当履行计算并公告基金资产净值的职责。

   A. 基金销售机构   B. 基金管理人

   C. 注册登记机构   D. 基金托管人

28. 中国证监会对基金管理人的监管措施不包括（   ）。

   A. 对基金管理人运作基金的监管措施

   B. 对基金管理人出现重大风险的监管措施

   C. 对基金管理人职责终止的监管措施

   D. 对基金管理人违法违规行为的监管措施

29. 关于申请注册基金销售业务资格应具备的条件，以下表述错误的是（   ）。

   A. 制定了完善的资金清算流程、业务流程

B．有评价基金投资人风险承受能力和基金产品风险等级的方法体系

C．销售网点数量符合证监会对基金销售业务的要求

D．财务状况良好，运作规范稳定

30．债券基金与单一债券的区别有（　　）。

　Ⅰ．债券基金的收益不如债券的利息固定

　Ⅱ．债券基金有确定的到期日，债券的到期日不确定

　Ⅲ．债券基金的收益率比买入并持有到期的单一债券的收益率更难以预测

　Ⅳ．投资风险不同

A．Ⅰ、Ⅱ　　　　　　　　　B．Ⅰ、Ⅲ、Ⅳ

C．Ⅱ、Ⅲ、Ⅳ　　　　　　　D．Ⅰ、Ⅱ、Ⅲ、Ⅳ

31．基金从业人员应廉洁自律，不得从事可能导致与投资者或所在机构之间产生可能冲突的活动，以下合规的做法是（　　）。

　A．为促进基金的产品销售，与代销机构约定在支付销售费用之外，另支付一定金额的补偿费用

　B．为保持和合作机构的良好关系，可以与利益相关方互赠5000元人民币以下的等值礼物

　C．基金管理公司可以依据销售机构销售基金的保有量，向基金销售机构支付一定比例的客户维护费，用于客户服务及销售活动中产生的相关费用

　D．为保持和合作机构的良好关系，接受利益相关者的礼物，礼尚往来也赠送礼物

32．ETF的场内申购对价不包括（　　）。

A．现金替代　　　　　　　　B．现金差额

C．组合证券　　　　　　　　D．组合外证券

33．下述各项中（　　）不是公开募集基金信息披露的禁止事项。

A．虚假记载、误导性陈述或者重大遗漏

B．承诺收益或者承担损失

C．对证券投资业绩进行预测

D．披露基金财产、业务等的诉讼或仲裁

34．关于基金份额持有人大会，下列描述错误的是（　　）。

A．基金份额持有人大会只能采取现场方式召开基

B．金份额持有人大会应当有代表二分之一以上基金份额的持有人参加，方可召开

C．基金份额持有人大会不得就未经公告的事项进行表决

D．召开基金份额持有人大会，召集人应当至少提前三十日公告基金份额持有人大会相关事项

35. 各类私募基金募集完毕，私募基金管理人应当按照规定办理基金备案手续，其报送的基本信息不包括（　　）。

A. 基金合同、公司章程或者合伙协议

B. 主要投资方向及根据主要投资方向注明的基金类别

C. 基金收益分配原则、执行方式

D. 采取委托管理方式的，应当报送委托管理协议

36. 下列关于职业道德，说法不正确的是（　　）。

A. 是一般社会道德在职业活动中的具体化

B. 与职业活动、职业关系密切相关

C. 相比一般社会道德规范性更强

D. 基本内容往往会随社会进步而改变

37. 关于守法合规准则对基金从业人员的具体要求，以下理解错误的是（　　）。

A. 责任在于任职机构是否制定了基本制度

B. 向上级部门或监管机构报告所发现的违法违规行为

C. 积极配合基金监管机构的监管

D. 及时制止所发现的违法违规行为

38. 下列关于"诚实守信"要求的描述，正确的是（　　）。

A. 从业人员要无条件地为企业保守秘密

B. 遵守劳动合同与否，要视具体情况而定

C. 说老实话、办老实事，不弄虚作假，表里如一，讲信用、守诺言，做到言而有信

D. 工作既要出工，也要出力

39. 要求基金从业人员持证上岗的目的是（　　）。

Ⅰ. 保证基金从业人员执业之前通过资格考试，并经由所在机构向中国基金业协会申请执业注册

Ⅱ. 保证基金从业人员具备必要的执业能力与专业水平

Ⅲ. 保证基金从业人员执业过程中不犯过错

Ⅳ. 保证基金从业人员的执业活动处于监管机构的监督之下

A. Ⅰ、Ⅱ、Ⅳ　　　　　　　　B. Ⅰ、Ⅲ、Ⅳ

C. Ⅱ、Ⅲ、Ⅳ　　　　　　　　D. Ⅰ、Ⅱ、Ⅲ

40. 在廉洁公正方面，基金从业人员应当做到（　　）。

A. 防止所在机构资产损坏、丢失

B. 应当与所在机构签订正式的劳动合同或其他形式的聘任合同

C. 不得接受利益相关方的贿赂或对其进行商业贿赂

D. 应当严格遵守所在机构的授权制度

41. 关于基金从业人员保守秘密职业道德要求，以下理解错误的是（　　）。

A．举报他人违法违规行为与保密要求不冲突

B．原单位的保密制度对于已离职人员不再具有约束

C．保守秘密是基金从业人员的一项法定义务

D．从业人员不得泄露在执业活动中所获知的内幕

42. 与政府监管机构相比，基金业协会更侧重在（　　）的层面对基金从业人员的执业活动进行监管。

A．内幕信息　　B．法律法规　　C．执业规范　　D．职业道德

43. 根据《证券投资基金法》的规定，基金募集期限届满不能满足募集要求的，基金管理人不需要承担的责任是（　　）。

A．在募集期限届满30天内返还投资人已交纳的款项，并加计银行同期存款利息

B．以固有财产承担因募集行为而产生的债务

C．代销机构支付的各项成本及费用

D．以固有财产承担因募集行为而产生的费用

44. 当前基金客户中，（　　）的有效账户数比重最高。

A．机构投资者　　　　　　B．个人投资者

C．保险资金　　　　　　　D．住房公积金

45. 我国场外认购LOF份额，应使用（　　）账户进行认购。

A．深圳证交所人民币专有证券账户或证券投资基金

B．深圳证交所人民币普通证券账户或证券投资基金

C．中国证券登记结算有限责任公司深圳证交所开放式基金

D．中国证券登记结算有限责任公司开放式基金

46. 买入200份封闭式基金份额，买入价格1.50元/份，交易佣金0.25%，按沪、深交易新公布的收费标准，该交易佣金应为（　　）。

A．0元　　　　B．5元　　　　C．0.75元　　　　D．10元

47. 下列关于开放式基金业务的表述，错误的是（　　）。

A．申购可采用分期缴款方式

B．持有时间越长，适用的赎回费率越低

C．赎回费扣除手续费后，余额归入基金财产

D．赎回以份额申请

48. QDII基金申购和赎回与一般开放式基金申购和赎回的相同点不包括（　　）。

A．申购和赎回登记基本相同

B．申购和赎回的开放时间基本相同

C．申购和赎回的原则与程序基本相同

D. 申购和赎回渠道基本相同

49. 下列有关开放式基金份额登记的说法错误的是（　　）。

A. 开放式基金份额的登记，是指基金注册登记机构通过设立和维护基金份额持有人名册，确认基金份额持有人持有基金份额的事实的行为

B. 我国开放式基金注册登记体系的模式有委托中国证券登记结算有限责任公司作为注册登记机构的"外置"模式

C. 我国开放式基金注册登记体系的模式有基金管理人自建注册登记系统的"内置"模式

D. 基金份额登记不具有确定和变更基金份额持有人及其权利的法律效力

50. 关于基金信息披露的作用，以下表述错误的是（　　）。

A. 有利于基金管理者的价值判断

B. 有利于防止利益冲突与利益输送

C. 有利于提高证券市场的效率

D. 能有效防止信息滥用

51. 道德与法律是社会行为规范最主要的两种形式，下列关于两者的说法错误的是（　　）。

A. 二者在根本目的上具有一致性

B. 都属于上层建筑范畴

C. 道德的评价标准不限于价值判断或者不直接反映价值判断

D. 法律对传播道德具有促进作用

52. 下列属于基金信息披露的自律规则的是（　　）。

A.《证券投资基金法》

B.《证券投资基金信息披露内容与格式准则》

C.《证券投资基金信息披露管理办法》

D.《证券交易所业务规则》

53. 下列不属于基金管理人信息披露范围的是（　　）。

A. 涉及基金投资运作的信息披露

B. 涉及基金募集的信息披露

C. 涉及基金净值复核的信息披露

D. 涉及基金上市交易的信息披露

54. 根据《证券投资基金信息披露管理办法》，需要出具审计报告的是（　　）。

A. 季度报告　　B. 月度报告　　C. 年度报告　　D. 半年报告

55. 提前终止基金合同、转换基金运作方式、提高管理人或托管人的报酬标准、更换管理人或托管人等事项均需要通过（　　）审议通过。

A. 基金管理人　　　　　　　B. 基金份额持有人大会

C．基金托管人　　　　　　　D．中国证监会

56．合规审核的目标是（　　）。

A．把外部监督可能发现的问题及时在内部发现并进行有效的处理

B．积极推行全员合规理念

C．制度、程序和流程的执行情况

D．构造公司监督系统

57．基金招募说明书的重要内容不包括（　　）。

A．基金管理人、托管人的基本情况

B．基金投资策略

C．基金份额的发售日期

D．基金资产估值和收益预测

58．货币基金通常不需要定期披露份额净值，而是披露（　　）。

A．每份基金收益、最近7日年化收益率

B．每份基金收益、最近3日年化收益率

C．每万份基金收益、最近3日年化收益率

D．每万份基金收益、最近7日年化收益率

59．投资者通过将基金（　　）与同期基金业绩比较基准收益率进行比较，可以了解基金实际运作与基金合同规定基准的差异程度。

A．加权平均份额本期利润　　　B．本期利润

C．净值增长指标　　　　　　　D．加权平均净值利润率

60．公司的内控机制是对公司内部组织机构和业务流程进行（　　）。

A．全过程介入和监控　　　　　B．重点监控

C．事前监控　　　　　　　　　D．事后监控

61．QDII基金定期报告中的特殊披露要求有（　　）。

Ⅰ．境外投资顾问和境外资产托管人信息

Ⅱ．境外证券投资信息

Ⅲ．外币交易及外币折算相关的信息

Ⅳ．投资顾问主要负责人变动信息

A．Ⅰ、Ⅲ、Ⅳ　　　　　　　　B．Ⅱ、Ⅲ、Ⅳ

C．Ⅰ、Ⅱ、Ⅲ　　　　　　　　D．Ⅲ、Ⅳ

62．我国资本市场的机构投资者中，不包括（　　）。

A．个人　　　　　　　　　　　B．住房公积金

C．保险资金　　　　　　　　　D．境内外养老金

63．下列关于常用的寻找潜在客户的方法，说法正确的是（　　）。

A．采用陌生拜访法的不足之处在于营销人员无法逐步建立属于自己的营销网络

B. 缘故法是通过现有客户介绍新客户，主要针对间接客户型群体

C. 介绍法利用营销人员个人的生活与工作经历所建立的人际关系进行客户开发

D. 缘故法是利用营销人员个人的生活与工作经历所建立的人际关系进行客户开发

64. 下列符合基金管理人、基金销售机构档案管理制度的是（　　）。

A. 客户身份资料自业务关系结束当年起至少保存 15 年

B. 客户身份资料自业务关系发生当年起至少保存 15 年

C. 与销售业务有关的其他资料自业务关系结束当年起至少保存 15 年

D. 与销售业务有关的其他资料自业务发生当年起至少保存 25 年

65. 基金市场营销的特殊性体现在（　　）。

A. 全面性　　　B. 稳定性　　　C. 适用性　　　D. 安全性

66. 根据《证券投资基金销售管理办法》等的有关规定，基金管理人、代销机构从事基金销售活动时符合规定的行为有（　　）。

A. 代销机构未与基金管理人签订书面代销协议前，就开始销售基金

B. 对不同申购金额投资者适用不同费率

C. 采取抽奖、回扣方式销售基金

D. 在宣传推介资料中通过"欲购从速"字眼强调集中营销的时间限制

67. 2012 年 2 月，A 证券公司上海市北京东路营业部的个别人员在销售 B 基金管理公司某债券基金过程中，承诺客户该产品预期收益率 7%。对这种行为，下列说法正确的是（　　）。

A. 这一行为是有利于投资者的，是符合有关法律的

B. 这一行为是对投资者的误导，有损其所在机构和基金业的声誉

C. 这一行为是对投资者的保障，但却是违法行为

D. 这一行为是对投资者的保障，减小降低了投资者的投资风险

68. 基金宣传推介材料的报送备案的内容不包括（　　）。

A. 材料报送人的身份证复印件及户籍资料

B. 基金宣传推介材料的形式和用途说明

C. 基金管理公司督察长出具的合规意见书

D. 基金宣传推介材料

69. 在基金宣传推介材料中，不符合法律法规相关要求的是（　　）。

A. 登载基金的过往业绩时，基金合同生效 10 年以上的，应当登载最近 10 个完整会计年度的业绩

B. 基金业绩表现数据应当经基金托管人复核或者摘取自基金定期报告

C. 根据以往该基金的表现，预计该基金经理能够战胜比较基准 3 个百分点

D. 按照有关法律法规的规定或者行业公认的准则计算基金的业绩表现数据

70. 下列关于基金销售费用说法不正确的是（　　）。

A. 基金管理人应设定科学合理、简单清晰的基金销售费用结构和费率水平

B. 不断完善基金销售信息披露

C. 在基金合同、招募说明书或者公告中载明收取销售费用的项目、条件和方式

D. 在基金合同中载明费率标准及费用计算方法

71. 收取销售服务费的基金，应对持续持有期少于30日的投资人收取不低于（　　）的赎回费，并将上述赎回费全额计入基金财产。

A. 0.1%　　　B. 1.5%　　　C. 1%　　　D. 0.5%

72. 基金销售机构应当建立科学合理的方法，设置必要的标准和流程，保证基金销售适用性的实施，这属于基金销售适用性的（　　）原则。

A. 基金份额持有人利益优先　　B. 全面性

C. 客观性　　　　　　　　　　D. 及时性

73. 根据基金销售适用性要求，开展审慎调查应当优先根据（　　）。

A. 被调查方公开披露的信息　　B. 被调查方的内部调研报告

C. 专业机构的研究推荐　　　　D. 被调查方的市场影响力

74. 前台业务系统具备的功能不包括（　　）。

A. 为基金投资人以及基金销售人员提供投资资讯的功能

B. 通过与后台管理系统的网络连接，实现各项业务功能

C. 建立和维护信息管理平台

D. 对基金交易账户以及基金投资人信息进行管理的功能

75. 基金客户服务具有的四个特点是（　　）。

A. 专业性、规范性、持续性、时效性

B. 专业性、规范性、持续性、和谐性

C. 专业性、规范性、稳定性、时效性

D. 专业性、科研性、持续性、时效性

76. 下列关于基金客户服务内容的表述，不正确的是（　　）。

A. 介绍基金管理人投资运作情况属于售前服务

B. 介绍基金产品属于售中服务

C. 提醒客户及时核对交易确认属于售中服务

D. 定期提供产品净值信息属于售后服务

77. 下列说法不正确的是（　　）。

A. 设立独立的客户投诉受理和处理协调部门或者岗位

B. 妥善处理投诉是再次赢得客户、建立和巩固企业形象的最好时机

C. 向内部人员公布受理客户投诉的电话、信箱地址及投诉处理规则

D. 耐心倾听投资者的意见、建议和要求，准确记录客户投诉的内容，所有

客户投诉应当保留完整记录并存档，投诉电话应当录音

78．基金公司股东必须承担的义务为（　　）。
A．履行出资义务　　　　　　B．选举和更换董事
C．执行股东会的决议　　　　D．检查公司的财务状况

79．对于基金客户的档案数据，应当（　　）。
A．逐日备份并本地妥善存放　　B．逐月备份并异地妥善存放
C．逐日备份并异地妥善存放　　D．实时备份并本地妥善存放

80．通过（　　），投资者可以随时随地获得包括投资常识、行情、开放式基金净值、投资者账户信息等信息服务，以及基金交易、基金资讯等服务。
A．电话服务中心　　　　　　B．互联网
C．电子信箱　　　　　　　　D．自动传真

81．下列关于投资者教育的概念的描述，不正确的是（　　）。
A．投资者教育是一项系统的经济活动
B．是针对个人投资者所进行的有目的、有计划、有组织的活动
C．告知投资者的权利和保护途径，提高投资者素质
D．传播有关投资知识，传授有关投资经验，培养有关投资技能，倡导理性的投资观念

82．公司内部控制的核心是（　　）。
A．明确责任　　　　　　　　B．风险控制
C．权力制衡　　　　　　　　D．严格授权

83．在基金管理公司治理中员工应遵守的原则是（　　）。
A．公司独立运作原则　　　　B．利益共享、风险共担原则
C．高效监管原则　　　　　　D．公开、公平、公正原则

84．下列各项中（　　）不属于基金直销的主要形式。
A．基金公司委托商业银行代销基金产品
B．基金公司专门的销售人员直接开发高净值个人客户
C．基金公司自行开发建立电子商务平台销售基金产品
D．基金公司专门的销售人员直接开发机构客户

85．基金公司在风险管理中应当遵循的原则是（　　）。
A．人员敬业原则　　　　　　B．授权清晰原则
C．权责匹配原则　　　　　　D．及时报告原则

86．基金管理人的内部控制需要（　　）。
①严格授权控制；②严格岗位分离制度；③严格控制财务风险；④完善信息披露制度；⑤严格信息技术系统管理制度；⑥强化内部监督稽核和风险管理系统
A．①②③④⑤⑥　　　　　　B．①②③⑤⑥
C．①③④⑤⑥　　　　　　　D．①②③④⑥

87. 基金公司内部控制的目标不包括（   ）。

　　A．保证公司经营运作严格遵守国家有关法律法规和行业监管规则，自觉形成守法经营、规范运作的经营思想和经营理念

　　B．防范和化解经营风险，提高经营管理效益，确保经营业务的稳健运行和受托资产的安全完整，实现公司的持续、稳定、健康发展

　　C．确保基金和基金管理人的财务和其他信息真实、准确、完整、及时

　　D．实现利润最大化

88. 关于内部控制的相互制约原则，以下说法错误的是（   ）。

　　A．对于基金管理人内部的事务，由于其业务风险客观存在，设置不同的部分和岗位对其业务环节进行监督和核查，不仅不会降低业务发生错弊现象的概率，而且会增加成本，降低效果

　　B．相互牵制需考虑纵向控制关系，完成某个工作需经过互不隶属的两个或两个以上的岗位和环节，以使下级受上级监督，上级受下级牵制

　　C．相互牵制需考虑横向控制关系，完成某个环节的工作需有来自彼此独立的两个部门或人员协调运作、相互监督、相互制约、相互证明

　　D．相互制约是指基金管理人内部部门和岗位的设置应当权责分明，相互制衡

89. 对业务的性质、种类及相关的管理规定和操作流程及要求进行明确说明的是（   ）。

　　A．内控大纲　　　　　　B．基本管理制度
　　C．业务操作手册　　　　D．部门规章

90. 保障公司为客户提供服务的持续性是（   ）的目标。

　　A．基金管理人中台部门　　B．基金管理人的前台
　　C．基金管理人的后台　　　D．投资、研究、销售等部门

91. 巴塞尔银行监管委员会对独立性的论述不包括（   ）。

　　A．合规部门应在银行内部享有正式地位

　　B．合规部门职员为履行职责，应能够获取必需的信息并能接触到相关人员

　　C．在合规部门职员特别是合规负责人的职位安排上，应避免他们的合规职责与其所承担的任何其他职责之间产生可能的利益冲突

　　D．应由多名集团合规官或合规负责人全面负责协调银行的合规风险管理

92. 合规管理部门负责公司各部门和全体员工的合规管理工作，对（   ）负责。

　　A．董事会　　B．总经理　　C．全体股东　　D．投资者

93. 监事会对经营管理的业务监督不包括（   ）。

　　A．保证合规负责人独立与董事会、董事会相关委员会，如审计委员会或者其他专业委员会沟通

B. 随时调查公司的财务状况，审查账册文件，并有权要求董事会向其提供情况

C. 当监事会认为有必要时，一般是在公司出现重大问题时，可以提议召开股东会

D. 通知业务机构停止其违法行为

94. 关注公司资产是否安全完整，是否出现被抽逃、挪用、违规担保、冻结等情况属于（　　）的责任。

A. 合规管理部门　　　　　　B. 董事会

C. 督察长　　　　　　　　　D. 监事会

95. 下列各项中（　　）不是基金管理人合规管理涉及的内容。

A. 风险控制　　B. 财务管理　　C. 投资管理　　D. 公司治理

96. 合规与风险控制部的职责不包括（　　）。

A. 定期对本部门的合规风险进行评估

B. 识别、评估和监控基金管理人面临的合规风险

C. 向高级管理层和董事会提出合规建议和报告

D. 风险的日常管理

97. 下列说法错误的是（　　）。

A. 有效进行合规培训管理是使合规培训成为基金管理人降低成本的关键

B. 合规培训应讲解合规管理相关概念、部分法律法规条款，介绍集团公司合规管理体系

C. 不断强化员工的诚信合规意识，努力做到守法合规、忠诚企业、诚信做事、爱岗敬业，知行统一

D. 以道德规范约束自己的行为

98. 下列各项中（　　）不是销售合规性风险管理的主要措施。

A. 对宣传推介材料进行合规审核

B. 对销售协议的签订进行合规审核

C. 制定适当的销售政策和监督措施

D. 对销售量进行合规审核

99. 下列各项中（　　）不是信息披露合规性风险管理的主要措施。

A. 建立信息披露风险责任制

B. 信息披露前应经过必要的合规性审查

C. 将应披露的信息落实到各相关部门

D. 对披露信息的真实、准确、完整和及时性直接负责

100. 下列关于反洗钱合规性风险管理措施，说法不正确的是（　　）。

A. 建立收益导向的反洗钱防控体系，合理配置资源

B. 从严监控客户核心资料信息修改、非交易过户和异户资金划转

C. 严格遵守资金清算制度，对现金支付进行控制和监控
D. 建立符合行业特征的客户风险识别和可疑交易分析机制

模拟试卷（二）

单项选择题（共100题，每题1分，共100分。下列选项中只有一项最符合题目要求。不选、错选均不得分）

1. 关于证券投资基金"集合理财、专业管理"这一特点的具体体现，以下表述错误的是（　　）。
   A. 对证券市场进行动态跟踪与深入分析
   B. 集中资金，有利于发挥资金的规模优势
   C. 集中资金投资几种股票，以获得超额收益
   D. 使中小投资者能享受到专业化的投资管理服务

2. 一般认为，世界上第一只开放式投资基金是（　　）。
   A. 苏格兰美国投资信托　　　B. 马萨诸塞投资信托基金
   C. 海外及殖民地政府信托　　D. 马萨诸塞金融服务公司

3. 外汇市场是指各国中央银行、外汇银行、（　　）及客户组成的外汇买卖、经营活动的总和。
   A. 投资银行　　　　　　　　B. 商业银行
   C. 证券交易所　　　　　　　D. 外汇经纪人

4. 下列说法错误的是（　　）。
   A. 股权类金融资产以各类股票为主
   B. 债权类金融资产以票据、债券等契约型投资工具为主
   C. 金融资产是代表当前收益或资产合法要求权的凭证
   D. 金融工具最初被称为信用工具，是证明债权债务关系并据以进行货币资金交易的合法凭证

5. 主要投资于初创期、小型的新型企业的创业基金，又称为（　　）。
   A. 证券投资基金　　　　　　B. 私募股权基金
   C. 对冲基金　　　　　　　　D. 风险投资基金

6. 下列说法错误的是（　　）。

A. 股票和债券是直接投资工具，筹集的资金主要投向实业领域

B. 基金所筹集的资金主要投向有价证券等金融工具或产品，因而是一种间接投资工具

C. 基金可以投资于众多金融工具或产品，风险相对适中，收益则高于股票

D. 通常情况下，股票价格波动性较大，是一种高风险的投资品种

7. 基金托管人职责终止的，应当按照规定聘请（　　）对基金财产进行审计，并将审计结果予以公告，同时报（　　）备案。

A. 律师事务所　中国证监会

B. 会计师事务所　中国证监会

C. 会计师事务所　中国基金业协会

D. 律师事务所　中国基金业协会

8. 证券投资基金合同当事人不包括（　　）。

A. 基金销售机构　　　　　B. 基金管理人

C. 基金投资人　　　　　　D. 基金托管人

9. 以下关于公司型基金的表述，正确的是（　　）。

A. 基金是独立的法人机构

B. 主要依据基金合同营运基金

C. 投资者享有直接管理基金的权利

D. 相比于契约型基金，公司型基金投资者的权利要小一些

10. 2010年前我国公募证券投资基金全部是（　　），而美国的绝大多数证券投资基金则是（　　）。

A. 公司型基金　契约型基金　　B. 公司型基金　开放式基金

C. 契约型基金　封闭式基金　　D. 契约型基金　公司型基金

11. 以下关于封闭式基金的表述，错误的是（　　）。

A. 封闭式基金的规模是固定的

B. 在证券交易所上市交易

C. 由基金公司直销、商业银行代销

D. 通过证券公司进行委托买卖

12. （　　）不属于我国证券投资基金业发展的主要线索。

A. 基金主管机构的变化　　B. 主流品种的变迁

C. 基金监管法规的完善　　D. 基金业务的创新

13. 我国货币市场基金不可以投资于（　　）。

A. 可转换债券　　　　　　B. 央票

C. 银行定期存款　　　　　D. 银行大额存单

14. （　　）的发起设立，拉开了中国证券投资基金试点的序幕。
    A．华安创新　　B．淄博基金　　C．安信基金　　D．基金开元和基金金泰

15. 在风险程度上，按照理论推测和以往的投资实践，证券投资中风险最大的是（　　）。
    A．股票投资　　B．债券投资　　C．基金投资　　D．国债投资

16. 下列关于基金与股票的说法，正确的是（　　）。
    A．基金和股票都属于所有权凭证
    B．通常，股票的风险和收益要大于基金的风险和收益
    C．基金属于间接投资工具，所筹集的资金主要投资于实业
    D．股票属于间接投资工具

17. 蓝筹股是指规模大、发展成熟、（　　）公司的股票。
    A．波动大　　B．高质量　　C．业绩有望加速增长　　D．高分红

18. 根据（　　），可以将债券分为政府债券、企业债券、金融债券等。
    A．债券发行者　　　　　　B．债券到期日
    C．债券信用等级　　　　　D．债券交易场所

19. "计算投资组合现时净值超过价值底线的数额"属于CPPI投资策略步骤中的（　　）。
    A．第一步　　B．第二步　　C．第三步　　D．第四步

20. （　　）是ETF最大的特色。
    A．被动操作的指数基金
    B．实行一级市场与二级市场并存的交易制度
    C．实物申购、赎回机制
    D．通常1天只提供1次或几次基金净值报价

21. 除中国证监会另有规定外，QDII基金不得有的行为是（　　）。
    A．投资政府债券、公司债券、可转换债券、住房按揭支持证券、资产支持证券等，以及经中国证监会认可的国际金融组织发行的证券
    B．投资在已与中国证监会签署双边监管合作谅解备忘录的国家或地区证券监管机构登记注册的公募基金
    C．投资银行存款、可转让存单、银行承兑汇票、银行票据、商业票据、回购协议、短期政府债券等货币市场工具
    D．购买房地产抵押按揭

22. 下述各项中（　　）不是基金广义监管方式的内容。
    A．对基金投资人行为的监管
    B．对基金机构行为的检查
    C．检查后对存在问题的基金机构的处置
    D．对基金机构的审核注册

23. 基金管理人、基金托管人在从事证券投资基金活动时应当遵循的原则包括（　　）。

Ⅰ．自愿；Ⅱ．公平；Ⅲ．公开；Ⅳ．诚实信用。

A．Ⅰ、Ⅱ　　　B．Ⅰ、Ⅲ　　　C．Ⅰ、Ⅱ、Ⅳ　　　D．Ⅱ、Ⅲ、Ⅳ

24. （　　）是基金监管活动的目的和宗旨的集中体现。

A．保障投资人利益原则　　　B．高效监管原则

C．依法监管原则　　　D．适度监管原则

25. 基金销售适用性管理制度的必要内容不包含（　　）。

A．对基金管理人进行审慎调查的方式和方法

B．对基金产品和基金投资人进行匹配的方法

C．对基金销售人员进行审慎调查的方式和方法

D．对基金产品进行风险评价的方式和方法

26. 下列不属于证券交易所监管职责的是（　　）。

A．对基金份额上市交易进行监管

B．对基金托管人的托管行为进行管理

C．对基金在证券市场的投资行为进行监控

D．对投资者买卖基金交易行为的合法、合规性进行监控

27. 私募基金管理人、私募基金托管人、私募基金销售机构、其他私募服务机构及其从业人员从事私募基金业务，禁止的行为不包括（　　）。

A．将其固有财产或者他人财产混同于基金财产从事投资活动

B．泄露因职务便利获取的未公开信息，利用该信息从事或者明示、暗示他人从事相关的交易活动

C．不公平地对待其管理的不同基金财产

D．诋毁其他基金管理人、基金托管人或者基金销售机构

28. 对于公开募集基金的基金管理人违法违规逾期未改正的，或者其行为严重危及该基金管理人的稳健运行、损害基金份额持有人合法权益的，中国证监会可以采取的措施不包括（　　）。

A．限制业务活动，责令暂停部分或者全部业务

B．更换董事、监事、高级管理人员或者限制其权利

C．限制转让固有财产或者在固有财产上设定其他权利

D．限制分配红利，限制向董事、监事、高级管理人员支付报酬、提供福利

29. 按投资对象进行分类，可以将分级基金分为（　　）。

A．母基金份额的分级基金和不存在母基金份额的分级基金

B．封闭式分级基金与开放式分级基金

C．主动投资型分级基金与被动投资（指数化）型分级基金

D．股票型分级基金、债券型分级基金（包括转债分级基金）和QDII分级基

金等

30. 依据《证券投资基金法》的规定，下列关于基金托管人职责的说法，不正确的是（ ）。

A. 安全保管基金财产

B. 保存基金托管业务活动的记录、账册、报表和其他相关资料

C. 对所托管的不同基金财产设置相同的账户，确保基金财产的安全

D. 按照规定开设基金财产的资金账户和证券账户

31. 关于公平对待客户的说法，以下选项错误的是（ ）。

A. 尊重所有客户

B. 在进行投资分析、提供投资建议、采取投资行动时，应当公平地对待所有客户

C. 在基金发生巨额赎回时，优先满足个人投资者的赎回申请

D. 不能因为基金份额多寡或者其他原因而厚此薄彼

32. 中国证监会对公开募集基金的基金份额登记机构、（ ）实行注册管理。

A. 基金投资顾问机构　　B. 基金估值核算机构

C. 基金评价机构　　　　D. 基金信息技术系统服务机构

33. 依照有关规定，基金招募说明书不需包括的内容是（ ）。

A. 基金收益的合理预期

B. 风险警示内容

C. 基金份额的发售日期和期限

D. 基金募集申请的准予注册文件名称和注册核准日期

34. 关于基金托管人职责终止的情形，以下表述错误的是（ ）。

A. 被基金份额持有人大会解任

B. 被依法取消基金托管资格

C. 依法解散、被依法撤销或者被依法宣告破产

D. 所托管基金出现违规情形

35. 按照《证券投资基金法》的规定，下述各项中（ ）不是公开募集基金财产禁止投资的行为。

A. 购买公司债券　　　　B. 向基金管理人、基金托管人出资

C. 承销证券　　　　　　D. 买卖其他基金份额

36. 关于公募基金基金份额持有人大会可行使的职权，以下表述错误的是（ ）。

A. 决定更换基金托管人　　B. 决定更换基金管理人

C. 决定终止基金合同　　　D. 决定更换基金销售人

37. 我国对于非公开募集基金的基金管理人没有严格的市场准入限制，担任非公开募集基金的基金管理人无须中国证监会审批，而实行登记制度，这体现了

（　）的理念。

   A．适度监管　　B．区别监管　　C．自律监管　　D．底线监管

38．职业道德的作用有（　）。

   Ⅰ．调整职业关系；Ⅱ．提升职业素质；Ⅲ．促进行业发展；Ⅳ．消除职业矛盾。

   A．Ⅰ、Ⅱ、Ⅲ、Ⅳ　　　　　　B．Ⅰ、Ⅱ、Ⅲ
   C．Ⅱ、Ⅲ、Ⅳ　　　　　　　　D．Ⅰ、Ⅱ、Ⅳ

39．关于基金职业道德，以下表述错误的是（　）。

   A．是基金从业人员在长期的基金职业实践中所形成的职业行为规范
   B．是基金从业人员职业道德规范的简称
   C．是一般社会道德、职业道德基本规范在基金行业的具体化
   D．是一般社会道德、职业道德的总和

40．基金从业人员在宣传、推介和销售基金产品时，应当客观、全面、准确地向投资者推介基金产品，下列符合基金销售人员行为规范的是（　）。

   A．提供基金未公开的信息
   B．揭示投资风险
   C．承诺或约定利益分成或亏损分担
   D．预测所推介基金的未来业绩

41．基金从业人员与其所在机构之间是（　）关系。

   A．协议代理　　B．法定代理　　C．委托代理　　D．指定代理

42．下面关于道德的差异性，说法错误的是（　）。

   A．社会道德规范包括基本道德规范和一系列特定道德规范
   B．社会经济基础和社会关系的不同决定了道德的差异性
   C．不同的社会条件下有着不同的社会价值观念
   D．不同的社会有完全不同的道德

43．下列关于基金依法披露的信息对投资者的价值判断不正确的是（　）。

   A．可以评价基金经理的管理水平
   B．可以判断基金投资是否符合基金合同的约定
   C．及时了解基金投资的所有具体品种
   D．判断基金的风险状况

44．下述各项（　）不是基金职业道德修养的方法。

   A．加强岗位职业道德教育
   B．积极参加基金职业道德实践
   C．深刻理解基金职业道德规范
   D．正确树立基金职业道德观念

45．投资者提交基金认购申请后，一般可于（　）日后到办理认购的网点查

询认购申请的受理情况。

A. T   B. T+3   C. T+1   D. T+2

46. 关于开放式基金申购费用的收取，以下说法错误的是（   ）。

A. 可以根据申购金额不同分段设置费率
B. 基金销售机构不得对基金销售费用实行优惠
C. 可以采用在赎回时从赎回金额中扣除的方式
D. 可以根据投资人持有期限不同分段设置费率

47. 假设某投资者在基金募集期内认购了100万份ETF，基金份额折算日的基金资产净值为320亿元，折算日的基金份额总额为310亿份，当日标的指数收盘值为966.45元，则该投资者折算后的份额为（   ）万份。

A. 96.4   B. 96.8   C. 100   D. 106.8

48. 下列不属于基金宣传推介材料的是（   ）。

A. 基金销售人员的内部消息   B. 宣传单、手册
C. 海报、户外广告   D. 公共网站链接广告、传真

49. 下列关于LOF份额的上市交易，说法错误的是（   ）。

A. 须由基金管理人向深圳证券交易所提交上市申请
B. 申报价格最小变动单位为0.01元人民币
C. 基金的募集应符合《证券投资基金法》的规定
D. 涨跌幅比例为10%，自上市首日起执行

50. 相比其他开放式基金，QDII基金在募集认购的具体规定上的独特之处不包括（   ）。

A. 发售QDII基金的基金管理人必须具备合格境内机构投资者资格和经营外汇业务资格
B. 基金管理人可以根据产品特点确定QDII基金份额面值的大小
C. QDII基金份额可以用人民币、美元或其他外汇货币为计价货币认购
D. QDII基金份额的认购程序与一般开放式基金不同

51. 下列属于基金信息披露的规范性文件的是（   ）。

Ⅰ.《证券投资基金信息披露内容与格式准则》；Ⅱ.《证券投资基金信息披露编报规则》；Ⅲ.《证券投资基金信息披露XBRL模板》；Ⅳ.《证券投资基金信息披露管理办法》。

A. Ⅰ、Ⅱ   B. Ⅲ、Ⅳ   C. Ⅰ、Ⅱ、Ⅳ   D. Ⅰ、Ⅱ、Ⅲ

52. 基金宣传推介材料允许（   ）。

A. 预测基金投资收益   B. 完整宣传基金业绩表现
C. 突出强调基金营销时间限制 D. 使用机构投资者的推荐信

53. （   ）不属于货币市场基金收益公告的内容。

A. 份额净值   B. 开放日的收益公告

C．封闭期的收益公告　　　　D．节假日的收益公告

54．基金的重大事件是指（　　）。

Ⅰ．基金份额持有人大会的召开；Ⅱ．开放式基金发生巨额赎回并延期支付；Ⅲ．基金份额净值计价错误金额达基金份额净值的1%；Ⅳ．提前终止基金合同。

A．Ⅰ、Ⅲ　　　　　　　　　　B．Ⅲ、Ⅳ
C．Ⅰ、Ⅱ、Ⅳ　　　　　　　　D．Ⅰ、Ⅱ、Ⅲ、Ⅳ

55．下列关于基金销售的现状及发展趋势的叙述不正确的是（　　）。

A．在过去的基金销售格局之中，期货公司处于绝对强势的地位
B．深度挖掘互联网销售的效能
C．提升服务的专业化和层次化
D．网上交易一般享有申购手续费的优惠

56．商业银行、证券公司、期货公司、保险机构、证券投资咨询机构、独立基金销售机构以及中国证监会认定的其他机构从事基金销售业务的，应向工商注册登记所在地的（　　）进行注册并取得相应资格。

A．中国人民银行分支机构　　B．中国证监会派出机构
C．工商局　　　　　　　　　　D．中国银监会派出机构

57．下列不属于基金销售机构职责的是（　　）。

A．由基金销售机构与基金管理人签订书面销售协议，明确双方的权利及义务
B．基金募集申请获得中国证监会核准前，向公众公布基金宣传推介材料
C．建立完善的基金份额持有人账户和资金账户管理制度
D．建立健全并有效执行基金销售业务制度和销售人员的持续培训制度

58．下列关于基金市场营销的表述，错误的有（　　）。

A．基金营销作为一种理财服务，需要持续性服务
B．与一般有形产品的营销相比，基金对营销人员的专业水平有更高的要求
C．基金销售机构应坚持适用性原则，把合适的产品卖给合适的基金投资人
D．基金作为一种金融产品，收益与风险是确定的

59．下列关于基金销售方式的描述，错误的是（　　）。

A．代销机构的营业网点数量众多，受众范围广
B．直销方式是通过基金公司直属的销售队伍进行基金销售，专业性弱
C．直销方式的销售网络往往通过基金公司的分支机构网点铺开，数量有限，推广效果有限
D．以直销方式销售基金时，基金公司承担固定成本，针对特定目标客户可

以大幅降低营销成本

60. 收取销售服务费的，基金管理人要对持续持有期少于 30 日的投资人收取不低于（ ）的赎回费。

A. 2% B. 1.5% C. 1% D. 0.5%

61. 下列关于基金销售人员的资格的说法不正确的是（ ）。

A. 负责基金销售业务的管理人员应取得基金从业资格

B. 证券公司总部及营业网点从事基金宣传推介业务的人员应取得基金销售业务资格

C. 基金销售人员应当自觉遵守法律法规和所在机构的业务制度

D. 取得基金从业资格后就可以从事基金销售活动

62. 对基金机构销售人员行为规范做出了明确的规定的法律文件不包括（ ）。

A.《证券投资基金销售管理办法》

B.《证券投资基金销售机构内部控制指导意见》

C.《证券公司监督管理条例》

D.《中国证券投资基金销售人员职业守则》

63. 下列关于证券投资基金销售宣传推介材料的说法，不正确的是（ ）。

A. 基金宣传推介材料中含有基金的业绩数据时，无须经托管银行复核

B. 基金管理人应当确保基金销售宣传推介材料的内容真实、准确

C. 基金宣传推介材料应当向销售机构经营活动的当地证监局报备

D. 基金宣传推介材料可以登载该基金、基金管理人的其他基金的过往业绩，但需符合有关规定

64. 下列关于中国证监会或证监局依法采取行政监管或行政处罚措施的说法，不正确的是（ ）。

A. 提示基金管理公司或基金代销机构进行改正

B. 对基金管理公司或基金代销机构出具监管警示函

C. 责令基金管理公司或基金代销机构进行整改，暂停办理相关业务，并对其立案调查

D. 免除基金管理公司或基金代销机构有关高管人员的职务

65. 巨额赎回风险是开放式基金所特有的一种风险，即当单个交易日基金的净赎回申请超过基金总份额的（ ）时，投资人将可能无法及时赎回持有的全部基金份额。

A. 15% B. 10% C. 5% D. 20%

66. 基金销售机构在基金销售活动中，可以采取的行为是（ ）。

A. 采取抽奖方式销售基金 B. 依靠服务质量销售基金

C. 赠送基金份额销售基金 D. 低于基金销售成本销售基金

67. 基金销售机构在实施基金销售适用性的过程中应当遵循的原则包括（　　）。

Ⅰ．投资人利益优先原则；Ⅱ．全面性原则；Ⅲ．客观性原则；Ⅳ．及时性原则。

　　A．Ⅰ、Ⅲ　　　　　　　　　　B．Ⅱ、Ⅲ
　　C．Ⅰ、Ⅲ、Ⅳ　　　　　　　　D．Ⅰ、Ⅱ、Ⅲ、Ⅳ

68. 以下不属于证券投资基金销售业务信息管理平台的是（　　）。
　　A．后台管理系统　　　　　　　B．后台业务系统
　　C．前台业务系统　　　　　　　D．应用系统的支持系统

69. 一般情况下，基金经营机构在使用客户信息时不得进行的行为是（　　）。
　　A．向本基金机构以外的其他机构和个人提供客户信息
　　B．确保客户信息在收集、传输、加工环节中不被泄露
　　C．完善信息安全技术防范措施
　　D．确保客户信息在保存、使用环节中不被泄露

70. 基金售后服务不包括（　　）。
　　A．向客户介绍客户服务、信息查询等的办法和路径
　　B．协助客户办理开立账户、申购、赎回、资料变更等基金业务
　　C．提醒客户及时核对交易确认
　　D．基金公司、基金产品发生变化时及时通知客户

71. 下列属于基金公司可从客户投诉中解决的问题有（　　）。
　　A．可从客户投诉中发现经营上的缺陷，改善和提高服务水平
　　B．评估客户投诉风险，采取适当措施，及时妥善处理客户投诉
　　C．设立独立的客户投诉受理和处理协调部门或者岗位
　　D．完善内控制度，如有需要应立即向所在机构报告

72. 下列说法不正确的是（　　）。
　　A．制定完善的业务流程与销售人员职业操守评价制度
　　B．在调查中注意新发现的问题以及改正产品与服务的机会
　　C．重点关注基金销售业务中的异常交易行为
　　D．积极为投资者提供售前服务

73. 基金客户个性化服务的基础是（　　）。
　　A．利用平时市场走访收集的客户营销资料
　　B．深度挖掘客户需求
　　C．研究市场行情
　　D．揭示市场风险

74. 关于投资者教育，以下表述正确的是（　　）。
　　A．重要内容是进行风险提示

B. 首先是教育投资者选择适合的投资策略
C. 应突出证券投资的重要性
D. 重点内容是选择进入市场的时机

75. 基金管理公司治理中应遵循的原则不包括（　　）。
   A. 公司独立运作原则　　　　B. 股东诚信与合作原则
   C. 公平对待原则　　　　　　D. 授权清晰原则

76. 公司内控制度应当符合国家法律、法规、规章和各项规定，这体现了内部控制制度的（　　）原则。
   A. 合法、合规性　　　　　　B. 全面性
   C. 适时性　　　　　　　　　D. 审慎性

77. 专业委员会不包括（　　）。
   A. 投资决策委员会　　　　　B. 风险控制委员会
   C. 产品审批委员会　　　　　D. 售后评价委员会

78. 我国第一只开放式基金华安创新诞生于（　　），标志着中国证券投资基金业的发展向规范运作转变。
   A. 2000 年　　B. 2001 年　　C. 2002 年　　D. 2003 年

79. 基金管理人的内部控制要求部门设置体现权责明确、相互制约的原则，其中不包括（　　）。
   A. 严格授权控制　　　　　　B. 严格控制基金财产的财务风险
   C. 信息与沟通以及行为监控　D. 建立完善的信息披露制度

80. 基金管理人面临的风险有外部风险和内部风险。下列不属于外部风险的是（　　）。
   A. 法律法规、监管部门规章、交易所规则等合规风险
   B. 宏观经济周期导致的整体行业风险
   C. 火山地震等地质条件导致的风险
   D. 机房环境、温度、防火防水等不当操作的风险

81. 下列有关基金管理内部控制的表述中，错误的是（　　）。
   A. 内部控制可以保证控制目标的实现
   B. 内部控制必须涵盖到决策、执行、监督、反馈等各个环节
   C. 内部控制是一个过程
   D. 内部控制不仅仅是制度和手册，而是渗透到公司活动中的一系列行为

82. 内部控制机制中，在（　　）上，不能重程序监督、不注重对"内部人"监督的偏向。
   A. 设置内部控制机构　　　　B. 建立内部控制制度
   C. 监督内部控制　　　　　　D. 执行内部控制制度

83. 销售合规性风险管理主要措施不包括（   ）。

    A．对销售协议的签订进行合规审核，对销售机构签约前进行审慎调查，严格选择合作的基金销售机构

    B．重点监控投资组合投资中是否存在内幕交易、利益输送和不公平对待不同投资者等行为

    C．制定适当的销售政策和监督措施，防范销售人员违法违规和违反职业操守

    D．加强销售行为的规范和监督，防止延时交易，商业贿赂、误导、欺诈和不公平对待投资者等违法违规行为的发生

84．下列（   ）是基金公司内部控制的基本要素。
①控制环境；②风险评估；③控制活动；④信息沟通；⑤内部监控；⑥风险化解。

    A．①②③④⑤   B．①②③④⑤⑥
    C．①②③⑥   D．①②④⑤⑥

85．下列关于基金互动交流说法不正确的是（   ）。

    A．深入了解客户的投资需求，确定和记录客户服务标准

    B．做好客户回访日志，记录并处理潜在风险隐患、客户建议及意见

    C．拟定、组织、实施及评估每一次的客户关怀计划

    D．及时向客户传递重要的市场资讯、持仓品种信息及最新的投资报告

86．下列关于合规风险、操作风险、声誉风险和道德风险，说法错误的是（   ）。

    A．大量的操作风险主要表现在操作环节和操作人员身上

    B．合规风险不能简单视同于操作风险、声誉风险和道德风险

    C．操作风险是指由基金管理人经营、管理及其他行为或外部事件导致利益相关方对公司负面评价的风险

    D．道德风险是指基金管理人员为谋求私利故意采取不利于公司和行业的行为导致的风险

87．基金公司的后台部门包括（   ）。

    A．行政前台、投资、研究、销售等部门

    B．行政管理、人事、清算、信息技术等部门

    C．市场营销、风险控制、财务部、监察稽核和产品研发部门

    D．市场营销、风险控制、清算、信息技术等部门

88．关于基金交易业务控制，下列说法错误的是（   ）。

    A．公司应当执行公平的交易分配制度，确保不同投资者的利益能够得到公平对待

    B．建立交易监测系统、预警系统和交易反馈系统，完善相关的安全设施

C. 基金经理可以直接向交易员下达投资指令或者直接进行交易

D. 建立完善的交易记录制度，每日投资组合列表等应当及时核对并存档保管

89. 合规管理的（　）原则是指合规人员在对业务部门进行核查时，应当坚持统一标准来对违规行为风险进行评估和报告。

A. 公正性　　　B. 客观性　　　C. 独立性　　　D. 专业性

90. 建立合规部门的意义不包括（　）。

A. 鼓励和保障合规部门独立发表合规管理意见，使其能够更好地履行合规风险管理的职能

B. 使法律规则和监管部门的监管规则及监管意图在基金公司得到全面有效的贯彻落实

C. 有效帮助基金投资人规避风险，从而保障其基金收益

D. 避免基金管理人遭受法律制裁或监管处罚、重大财务损失或声誉损失的风险

91. 基金管理人设监事会，监事会向股东会负责，监事会职权不包括（　）。

A. 检查公司的财务

B. 对公司董事、总经理和其他高级管理人员执行公司职务时违反法律、行政法规或者公司章程的行为进行监督

C. 提议召开临时股东会

D. 列席股东大会会议

92. 督察长履行职责，应当重点关注的事项不包括（　）。

A. 公司员工是否严格有效执行公司规章制度

B. 基金投资是否符合法律法规和基金合同的规定，是否遵守公司制定的投资业务流程等相关制度

C. 基金投资是否存在内幕交易、操纵市场等违法行为以及不正当关联交易、利益输送和不公平对待不同投资人的行为

D. 基金销售是否遵守法律法规、基金合同和招募说明书的规定，是否存在误导、欺诈投资人和不正当竞争等违法违规行为

93. 内部控制大纲应当明确的内容不包括（　）。

A. 信息与沟通　　　　　　　B. 内部控制的原则

C. 风险监测　　　　　　　　D. 控制环境

94. 下列对于合规责任对管理层的规定的描述，不正确的是（　）。

A. 经理层人员应当熟悉相关法律、行政法规及中国证监会的监管要求，依法合规、勤勉、审慎地行使职权

B. 基金管理人可设总经理、副总经理多人

C. 经理层人员应当构建公司自身的企业文化，保持公司内部机构和人员责

任体系、报告路径的清晰、完整，不得违反规定的报告路径

D. 公司应当按照保护基金份额持有人利益的原则，建立紧急应变制度，处理公司遭遇突发事件等非常时期的业务

95. 基金公司、部门及员工不得参与的市场行为不包括（　　）。

A. 为客户提供风险评估及投资建议

B. 通过单独或合谋包括集中资金优势、持股优势或者利用信息优势联合或者连续买卖，操纵证券市场价格

C. 以自己为交易对象，进行不转移所有权的自买自卖，影响证券交易价格或者证券成交量

D. 为获取利益或减少损失，利用资金、信息等优势或滥用职权操纵市场，影响证券市场价格，制造证券市场假象

96. 合规文化不要求建立（　　）。

A. 清晰的责任制　　　　　　B. 清晰的问责制

C. 激励约束机制　　　　　　D. 升迁机制

97. 合规政策内容不包括（　　）。

A. 合规管理部门的功能和职责

B. 合规管理部门的权限

C. 管理层薪酬

D. 合规负责人的合规管理职责

98. 基金管理人合规部门的合规检查不包括（　　）。

A. 文化教育　　B. 交易制度　　C. 机构设置　　D. 员工管理

99. 信息披露合规性风险管理主要措施包括（　　）。

A. 每日跟踪评估投资比例、投资范围等合规性指标执行情况，确保投资组合投资的合规性指标符合法律法规和基金合同的规定

B. 对宣传推介材料进行合规审核

C. 重点监控投资组合投资中是否存在内幕交易、利益输送和不公平对待不同投资者等行为

D. 建立信息披露风险责任制

100. 托管协议是明确（　　）在基金财产保管、投资运作、净值计算等事宜中的权利义务及职责，确保基金财产的安全，保护基金份额持有人的合法权益。

A. 基金管理人和基金份额持有人

B. 基金托管人和基金份额持有人

C. 基金管理人和注册登记机构

D. 基金管理人和基金托管人

模拟试卷（一）参考答案

1. D 2. C 3. D 4. C 5. A 6. C 7. C 8. B 9. D 10. D
11. B 12. A 13. D 14. B 15. D 16. A 17. D 18. C 19. D 20. C
21. A 22. C 23. B 24. B 25. D 26. B 27. B 28. A 29. C 30. B
31. C 32. D 33. D 34. A 35. C 36. D 37. A 38. C 39. A 40. C
41. B 42. D 43. C 44. B 45. C 46. B 47. A 48. A 49. D 50. A
51. C 52. D 53. C 54. C 55. B 56. A 57. C 58. D 59. C 60. A
61. C 62. A 63. D 64. A 65. C 66. B 67. B 68. A 69. C 70. D
71. D 72. C 73. A 74. C 75. A 76. C 77. C 78. A 79. C 80. B
81. A 82. B 83. A 84. A 85. C 86. A 87. D 88. A 89. C 90. A
91. D 92. B 93. A 94. C 95. B 96. A 97. D 98. D 99. D 100. A

模拟试卷（二）参考答案

1. C 2. B 3. D 4. C 5. D 6. C 7. B 8. A 9. A 10. D
11. C 12. D 13. A 14. D 15. A 16. B 17. B 18. A 19. B 20. C
21. D 22. A 23. C 24. A 25. C 26. D 27. A 28. B 29. D 30. C
31. C 32. B 33. A 34. D 35. A 36. D 37. B 38. B 39. D 40. B
41. C 42. D 43. C 44. A 45. D 46. B 47. D 48. A 49. B 50. D
51. D 52. B 53. A 54. C 55. A 56. D 57. B 58. D 59. B 60. D
61. D 62. C 63. A 64. D 65. B 66. B 67. D 68. B 69. A 70. B
71. A 72. D 73. B 74. A 75. D 76. A 77. D 78. B 79. C 80. D
81. A 82. C 83. B 84. A 85. C 86. C 87. B 88. C 89. A 90. C
91. D 92. A 93. C 94. B 95. A 96. D 97. C 98. A 99. D 100. D